CONTABILIDADE
DE SEGUROS

O GEN | Grupo Editorial Nacional – maior plataforma editorial brasileira no segmento científico, técnico e profissional – publica conteúdos nas áreas de ciências sociais aplicadas, exatas, humanas, jurídicas e da saúde, além de prover serviços direcionados à educação continuada e à preparação para concursos.

As editoras que integram o GEN, das mais respeitadas no mercado editorial, construíram catálogos inigualáveis, com obras decisivas para a formação acadêmica e o aperfeiçoamento de várias gerações de profissionais e estudantes, tendo se tornado sinônimo de qualidade e seriedade.

A missão do GEN e dos núcleos de conteúdo que o compõem é prover a melhor informação científica e distribuí-la de maneira flexível e conveniente, a preços justos, gerando benefícios e servindo a autores, docentes, livreiros, funcionários, colaboradores e acionistas.

Nosso comportamento ético incondicional e nossa responsabilidade social e ambiental são reforçados pela natureza educacional de nossa atividade e dão sustentabilidade ao crescimento contínuo e à rentabilidade do grupo.

MARA JANE C. **MALACRIDA** • GERLANDO **LIMA** • JORGE ANDRADE **COSTA**

CONTABILIDADE DE SEGUROS

FUNDAMENTOS E CONTABILIZAÇÃO DAS OPERAÇÕES

gen | atlas

Os autores e a editora empenharam-se para citar adequadamente e dar o devido crédito a todos os detentores dos direitos autorais de qualquer material utilizado neste livro, dispondo-se a possíveis acertos caso, inadvertidamente, a identificação de algum deles tenha sido omitida.

Não é responsabilidade da editora nem dos autores a ocorrência de eventuais perdas ou danos a pessoas ou bens que tenham origem no uso desta publicação.

Apesar dos melhores esforços dos autores, do editor e dos revisores, é inevitável que surjam erros no texto. Assim, são bem-vindas as comunicações de usuários sobre correções ou sugestões referentes ao conteúdo ou ao nível pedagógico que auxiliem o aprimoramento de edições futuras. Os comentários dos leitores podem ser encaminhados à **Editora Atlas Ltda.** pelo e-mail faleconosco@grupogen.com.br.

Direitos exclusivos para a língua portuguesa
Copyright © 2018 by
Editora Atlas Ltda.
Uma editora integrante do GEN | Grupo Editorial Nacional

Reservados todos os direitos. É proibida a duplicação ou reprodução deste volume, no todo ou em parte, sob quaisquer formas ou por quaisquer meios (eletrônico, mecânico, gravação, fotocópia, distribuição na internet ou outros), sem permissão expressa da editora.

Rua Conselheiro Nébias, 1384
Campos Elísios, São Paulo, SP – CEP 01203-904
Tels.: 21-3543-0770/11-5080-0770
faleconosco@grupogen.com.br
www.grupogen.com.br

Designer de capa: Ricardo Lima

Imagem da capa: Kittisak_Taramas | iStockphoto

Editoração Eletrônica: Set-up Time Artes Gráficas

CIP-BRASIL. CATALOGAÇÃO NA PUBLICAÇÃO
SINDICATO DOS EDITORES DE LIVROS, RJ

Malacrida, Mara Jane C.
    Contabilidade de seguros : fundamentos e contabilização das operações / Mara Jane C. Malacrida, Gerlando Augusto Sampaio Franco de Lima, Jorge Andrade Costa.– 1. ed. – São Paulo: Atlas, 2018.

    Inclui bibliografia
    ISBN 978-85-97-01387-0

    1. Seguros - Contabilidade. 2. Administração de riscos. 3. Seguros - Brasil. I. Lima, Gerlando. II. Costa, Jorge Andrade. III. Título.

17-44926
CDD: 368.01
CDU: 368

Ao Professor Iran Siqueira Lima (*in memoriam*),
grande incentivador da pesquisa na área de negócios.

APRESENTAÇÃO

Este livro nasceu da necessidade de nós, professores, termos um material para lecionar a disciplina *Contabilidade de Seguros* na FEA-USP (Faculdade de Economia, Administração e Contabilidade da Universidade de São Paulo) e na FIPECAFI (Fundação Instituto de Pesquisas Contábeis, Atuariais e Financeiras). Esse projeto nasceu de apostilas criadas, primeiramente, no curso de Ciências Atuariais, as quais foram sendo utilizadas posteriormente no curso de Contabilidade do Departamento de Contabilidade e Atuária.

O livro aborda, inicialmente, um pouco da história do seguro no Brasil e no mundo, principalmente os fatos ligados aos negócios e Contabilidade. O primeiro capítulo foi realizado com a ajuda de Aléxis Correa Felpoldi, à época aluno de Iniciação Científica.

Após essa parte introdutória, o livro entra profundamente nos débitos e créditos, passando por demonstrações financeiras até chegar na contabilização das operações de seguros, fato este que não se vê em livros no Brasil.

O livro trata sobre patrimônio líquido ajustado, questão bastante prática na área de seguros, passa pelo lado do passivo (provisões), ativo (ativo garantidores), contabilização do patrimônio em geral e, por último, uma introdução na análise das demonstrações contábeis (balanço e DRE, principalmente).

Esperamos que esta obra seja útil aos leitores, uma vez que atualmente é a única que aborda tal área.

Os professores podem contar com respostas de questões e exercícios apresentados no livro, além de diversos conjuntos de *slides*.

Os autores

PREFÁCIO

Foi com muito prazer que tomei conhecimento deste trabalho elaborado por ex-alunos do curso de pós-graduação do Departamento de Contabilidade e Atuária da Faculdade de Economia, Administração e Contabilidade da Universidade de São Paulo.

Os três autores sempre foram alunos dedicados à pesquisa e à docência, além de também reunirem experiência prática. Mara Jane C. Malacrida, Gerlando Lima e Jorge Andrade Costa formaram um excelente grupo e conseguiram perceber a carência do assunto, elaborando um excelente material que complementará a bibliografia que trata de seguros.

Dividido em nove capítulos, a obra trata desde a história do seguro no Brasil até exemplos de operações elaborados de forma extremamente didática, além de apresentar casos reais, inclusive com reprodução de relatório dos auditores.

Chama também a atenção o cuidado que foi tomado no capítulo que trata da análise das demonstrações contábeis, pois os autores não se esqueceram de algo que, infelizmente, continua sendo um descuido da grande maioria dos autores: o tratamento dos efeitos da inflação. Mesmo não sendo possível quantificar os efeitos nos resultados, mostram que não se pode comparar valores nominais de anos diferentes, sob pena de se ter conclusões equivocadas.

Apresento aos autores os meus mais sinceros parabéns e a certeza de que o maior beneficiário desta obra será o público.

Prof. Ariovaldo dos Santos

Material Suplementar

Este livro conta com os seguintes materiais suplementares:

- Resolução dos exercícios (restrito a docentes);
- *Slides* para apresentação (restrito a docentes).

O acesso aos materiais suplementares é gratuito. Basta que o leitor se cadastre em nosso *site* (www.grupogen.com.br), faça seu *login* e clique em Ambiente de Aprendizagem, no menu superior do lado direito.

É rápido e fácil. Caso tenha dificuldade de acesso, entre em contato conosco (sac@grupogen.com.br).

GEN-IO (GEN | Informação Online) é o repositório de materiais suplementares e de serviços relacionados com livros publicados pelo GEN | Grupo Editorial Nacional, maior conglomerado brasileiro de editoras do ramo científico-técnico-profissional, composto por Guanabara Koogan, Santos, Roca, AC Farmacêutica, Forense, Método, Atlas, LTC, E.P.U. e Forense Universitária. Os materiais suplementares ficam disponíveis para acesso durante a vigência das edições atuais dos livros a que eles correspondem.

SUMÁRIO

1 Contexto histórico do seguro, 1
    1.1 Internacional, 1
        1.1.1 Primórdios, 1
        1.1.2 Antiguidade, 1
        1.1.3 Renascimento e mundo contemporâneo, 3
    1.2 Seguro no Brasil, 7
        1.2.1 Colônia, 7
        1.2.2 Império, 8
        1.2.3 República, 8

2 Balanço patrimonial, 13
    2.1 Introdução, 13
    2.2 Grupos que compõem o balanço patrimonial, 14
        2.2.1 Ativo, 14
        2.2.2 Passivo, 14
        2.2.3 Patrimônio líquido, 15
    2.3 Classificação dos itens que compõem o balanço patrimonial, 18
        2.3.1 Ativo, 18
            2.3.1.1 Ativo circulante, 19
            2.3.1.2 Ativo não circulante, 19
        2.3.2 Passivo, 21
            2.3.2.1 Passivo circulante, 21
            2.3.2.2 Passivo não circulante, 21
        2.3.3 Patrimônio líquido, 21

2.4 Critérios de avaliação dos itens que compõem o balanço patrimonial, 25
    2.4.1 Contas do ativo, 25
    2.4.2 Contas do passivo, 26
2.5 Aspectos operacionais, 27
    2.5.1 Registro das operações, 28
        2.5.1.1 Contas, 28
        2.5.1.2 Plano de contas, 28
        2.5.1.3 Razonetes, 29
        2.5.1.4 Mecanismo de débito e crédito, 30
    2.5.2 Partidas Dobradas, 32
    2.5.3 Balancete de verificação, 32
    2.5.4 Quadro de ajustes, 33
    2.5.5 Livro diário, 34

3 Demonstração do resultado, 35
3.1 Introdução, 35
3.2 Resultado, 36
    3.2.1 Conceito de receita, 37
    3.2.2 Conceito de despesa, 39
    3.2.3 Reconhecimento de receitas e despesas, 41
    3.2.4 Exemplo sobre receitas e despesas, 43
3.3 Demonstração do resultado, 48
3.4 Contabilização das receitas e despesas, 51
    3.4.1 Apuração do resultado do período, 51
    3.4.2 Transferência para a conta Lucros Acumulados, 52
3.5 Exemplo de contabilização de receitas e despesas, 53
3.6 Estrutura da demonstração do resultado do período, 59
3.7 O princípio do regime de competência de exercício, 60
    3.7.1 Princípio da realização da receita, 61
    3.7.2 Princípio da confrontação das despesas com as receitas, 61
    3.7.3 Regime de competência, 62
    3.7.4 Receitas e despesas antecipadas, 62
        3.7.4.1 Exemplo 1 – Pagamento antecipado do seguro (Receita antecipada), 62
        3.7.4.2 Exemplo 2 – Despesa antecipada, 64

4 Patrimônio líquido ajustado (PLA), limite de retenção e capital mínimo requerido, 67

4.1 Patrimônio líquido ajustado (PLA), 67

4.2 Limite de retenção, 69

4.3 Capital mínimo requerido, 71

    4.3.1 Margem de solvência (capital baseado em índice), 71

    4.3.2 Capital-base e capital de risco, 72

        4.3.2.1 Capital-base, 73

        4.3.2.2 Capital de risco, 73

    4.3.3 Plano de regularização de solvência (insuficiência de capital), 86

    4.3.4 Considerações sobre a transição entre margem de solvência e capital baseado em riscos, 88

Exercícios, 89

5 Provisões técnicas, 91

5.1 Definição de provisão, 91

5.2 Provisões técnicas, 95

    5.2.1 Provisão de prêmios não ganhos – PPNG, 95

    5.2.2 Provisão de sinistros a liquidar – PSL, 98

    5.2.3 Provisão de sinistros ocorridos mas não avisados – IBNR, 98

    5.2.4 Provisão complementar de cobertura – PCC, 99

    5.2.5 Provisão de despesas relacionadas – PDR, 99

    5.2.6 Provisão de excedente técnico – PET, 99

    5.2.7 Provisão de excedente financeiro – PEF, 100

    5.2.8 Provisão de valores a regularizar – PVR, 100

    5.2.9 Provisão matemática de benefícios a conceder – PMBaC, 100

    5.2.10 Provisão matemática de benefícios concedidos – PMBC, 100

Exercícios resolvidos, 101

Exercícios, 106

6 Ativos garantidores, 109

6.1 Ativos garantidores – cobertura das provisões técnicas de seguros, 109

6.2 Ativos financeiros, 113

    6.2.1 Classificação dos ativos financeiros, 114

6.2.1.1 Mensurado ao Valor Justo por Meio do Resultado (*Fair Value through Profit and Loss* – FVPL), 114

6.2.1.2 Disponíveis para Venda, 115

6.2.1.3 Mantidos até o Vencimento, 116

6.2.1.4 Empréstimos e Recebíveis, 116

6.2.2 Contabilização, 117

6.2.2.1 A seguradora manterá o título até o seu vencimento, 118

6.2.2.2 A seguradora pretende negociar o título a qualquer momento, 119

6.2.2.3 A seguradora manterá o título como Disponível para Venda, 120

6.3 Ajuste ao valor de mercado – valor justo dos ativos financeiros, 122

6.3.1 Nível 1, 122

6.3.2 Nível 2, 122

6.3.3 Nível 3, 122

6.4 Perdas de caráter permanente para as aplicações financeiras – *Impairment*, 123

Exercícios, 123

7 Contabilização das operações, 127

7.1 Contabilização de operações de seguros, 127

7.2 Emissão de uma apólice de seguro – Exemplo 1, 128

7.3 Emissão de uma apólice de seguro – Exemplo 2, 132

7.4 Reconhecimento de operações envolvendo cosseguro cedido e aceito, 137

7.4.1 Emissão da apólice de seguro com cessão de cosseguro – Exemplo 3, 137

7.4.2 Contabilização das operações de cosseguro aceito, 141

7.5 Reconhecimento de operações envolvendo resseguro cedido/aceito, 141

7.5.1 Emissão da apólice de seguro – Exemplo 4, 141

7.6 Cancelamento da apólice, 145

7.7 Reconhecimento de sinistros, 146

7.7.1 Sinistro sem indenização integral, 146

7.7.2 Sinistros com indenização integral, 147

7.8 Salvados, 147

7.9 Garantia estendida, 147

Exercícios, 150

8 Formulário de informações periódicas (FIP), 153

8.1 Introdução, 153

8.2 Composição dos quadros, 154
Exercícios, 167

9 Análise das demonstrações contábeis, 169
  9.1 Introdução, 170
  9.2 Começando de trás para a frente – o relatório do auditor independente, 170
    9.2.1 Sem ressalva, 170
    9.2.2 Com ressalva, 171
    9.2.3 Relatório adverso, 171
    9.2.4 Abstenção de opinião por limitação na extensão, 171
  9.3 Pressupostos econômicos e financeiros do setor e da economia, 172
  9.4 Análise vertical e horizontal, 173
  9.5 Análise por quocientes e/ou índices, 174
    9.5.1 Liquidez, 174
    9.5.2 Estrutura de capital, 176
    9.5.3 Atividade, 178
    9.5.4 Rentabilidade, 181
    9.5.5 Resumo dos índices, 182
  9.6 Exemplo ilustrativo, 183
  Exercícios, 188

Referências bibliográficas, 191

CONTEXTO HISTÓRICO DO SEGURO

1.1 INTERNACIONAL

1.1.1 Primórdios

Considerando o mutualismo como característica fundamental do seguro, aliado à incerteza com relação ao futuro, à previdência contra males da natureza, entre outros aspectos que norteiam o conceito do seguro, como, por exemplo, o instinto de preservação da espécie, podemos afirmar que os primeiros traços do seguro na história do homem já estavam presentes na pré-história.

Para Souza (2002, p. 4), a evolução natural foi a busca da vida em grupo. Com o passar do tempo, os grupos começaram a se fixar em regiões que lhes proporcionassem segurança e condições de sobrevivência. Não só a distribuição de tarefas se inicia nesse contexto, mas também o *mutualismo*, que o autor define como a formação de um grupo de pessoas com interesses em comum constituindo uma reserva econômica para dividir o risco de um acontecimento.

De acordo com Freire (1959, p. 14), a primeira ideia de proteção revela-se na reunião de várias famílias primitivas, formando grupos e tribos fortes, para se precaverem da ameaça permanente das hordas hostis, não só contra a vida dos indivíduos, mas também contra dano e usurpação de coisas.

1.1.2 Antiguidade

Com o surgimento das civilizações antigas, os homens procuravam a proteção pessoal e material, porém apenas com o caráter de amparo que oferecem as instituições de assistência, as de solidariedade profissional e as de caráter político, portanto, sem características do seguro. Nessa mesma época, Freire (1959) destaca o surgimento do interesse segurável, devido à introdução de rudimentar sistema monetário, a fim de dar sentido econômico às trocas, cujo interesse rompeu o círculo estrito da compensação recíproca e atingiu o campo da permuta de riquezas, como o da circulação; os bens adquiriram valor e, assim, formou-se a matéria essencial para a instituição do seguro – o interesse segurável, acima citado.

Segundo Contador (2007, p. 3), existem registros de operações de seguro no Código de Hamurabi, na Babilônia, séc. XVIII a.C.; na Grécia antiga, com as sociedades mútuas de seguros (as sinédrias); na Índia e Pérsia. Na Mesopotâmia, em 3350 a.C., as caravanas adotavam a diversificação do risco, distribuindo as cargas de diferentes indivíduos por variados animais de carga, pois, se um se perdesse na travessia, a perda era compartilhada por todos. Os fenícios em 1600 a.C. realizavam acordos de mutualidade para reposição de barcos perdidos, e também há registros de fundos de reserva formados pelo lucro para compensar perdas futuras. Porém, o autor ressalta que a transferência de risco ainda era incipiente e restrita ao grupo de participantes envolvidos.

Na Roma antiga, adotava-se o seguro baseado no mutualismo. Associações forneciam auxílio aos soldados transferidos entre guarnições ou aos familiares daqueles que morriam. A transferência de risco através do contrato de seguro tornou-se comum em Roma, impulsionando o transporte marítimo, com princípios parecidos com os praticados hoje. Um mutuante emprestava uma quantia a um mutuário, que se obrigava a devolver o empréstimo se não ocorresse sinistro e a carga chegasse sem danos ao destino, acrescida naturalmente de um valor adicional (o prêmio de risco). Também em Roma surgiu o sistema estatal de aposentadoria, em que os soldados que se aposentavam recebiam terras e propriedades.

Freire (1959, p. 15) destaca as Leis Ródias, séc. IX a.C., na ilha de Rodes (situada entre a cidade de Atenas e a Ilha de Chipre), como a primeira observação da noção de seguro. Aquelas se evidenciavam nas práticas de proteção econômica sobre danos provenientes dos perigos das atividades marítimas, e foram fontes de princípios e regulamentos que regem riscos marítimos até os dias atuais.

Contador e Ferraz (2002, p. 6) citam fatores que proporcionaram o desenvolvimento do pilar da transferência de risco. Segundo os autores, esses fatores são: os avanços matemáticos, como o sistema numérico arábico e o desenvolvimento da probabilidade; a transferência de risco em bases comerciais, que exigia pessoas ou instituições dispostas a assumir os riscos de outras, além de pessoas e instituições que desejavam transferir os seus riscos em troca de um pagamento; e a existência e interpretação adequada de eventos e fenômenos danosos.

Trenerry (2009, p. 305) deixa clara a importância do desenvolvimento matemático para a evolução do seguro ao evidenciar a base que o estudo da aritmética, álgebra e cálculo, entre outros ramos da matemática trazidos por algumas civilizações antigas (com destaque para os árabes e gregos), propiciou para o setor, ao possibilitar o cálculo necessário para a construção de tábuas de mortalidade, precificação de riscos, prêmios etc., mesmo que, ainda, de um modo grosseiro.

1.1.3 Renascimento e mundo contemporâneo

Com o fim da Idade Média, chega a época do Renascimento, em que temos grande desenvolvimento intelectual, cultural, econômico, político, social e religioso. Época das Grandes Navegações, com destaque para Portugal, Espanha e Inglaterra, um período de grandes descobertas, do caminho para as Índias e do comércio marítimo. Este último trazia consigo o perigo proporcionado pela pirataria e a precariedade das embarcações, que representavam os principais riscos nas viagens. Sendo assim, cresce a importância do seguro marítimo. Isso serve como base para o desenvolvimento do seguro em geral.

Para Póvoas (2000, p. 59):

> É a época da grande criação intelectual no campo do contrato do seguro e do seu ordenamento; ordenações sobre seguros foram publicadas nos países de maior comércio internacional, até quase o fim do século XVII, dando a necessária cobertura instrumental e legislativa aos espetaculares resultados no campo da organização do comércio mundial.

Contador (2007, p. 6) destaca sobre a primeira legislação de seguros:

> O Papa Alexandre IV, em 1115, torna obrigatório o seguro dos bens eclesiásticos contra roubos e incêndios. Em 1293, o rei D. Diniz institui o primeiro contrato de seguro marítimo em Portugal. Em 1318, a Ordenança de Pisa estabelece a primeira legislação sobre seguros em moldes próximos aos de hoje, e o primeiro registro documentado é um contrato marítimo estipulado em Gênova, provavelmente em 1347. O termo *apólice* data deste período, derivado do italiano *polizza*, que significa promessa.

Póvoas (2000, p. 57) cita outro fato relevante que motivou a criação das primeiras leis sobre seguro: a proibição dos empréstimos marítimos com juros pela Igreja, levando os especialistas a se esforçarem para formular o seguro de modo contrário ao que foi proibido com a decisão canônica.

Assim, a primeira regulação do seguro foi sobre o seguro marítimo, através das Ordenanças de Barcelona de Jaime I de Barcelona, em 1435. Essas leis consignavam a obrigatoriedade do pagamento antecipado do prêmio e determinavam que o contrato do seguro fosse lavrado por escrivão (PEDEMONTE, p. 19 apud COSTA, 2008, p. 12). Costa (2008, p. 13) ainda reforça a evolução das leis no setor do seguro: "No início do séc. XV, na França, os documentos intitulados *Guidon de La Mer* elaborados por Rouen foram considerados como leis básicas relativas aos contratos de seguros marítimos e aos contratos de uma forma geral".

Capítulo 1

Era natural que a atividade de segurador passasse a ter sua importância cada vez mais relevante, fazendo que os corretores fundassem entre eles companhias de seguros, sendo equiparados aos banqueiros por uma lei genovesa de 1434. Consequentemente, o caminho que se tomava era o de criar organizações de caráter monopolista que, em princípio, eram contra o interesse dos operadores de seguros individuais (*underwriters*). Porém, ocorreu o inesperado, pois sob o domínio desses monopólios e em virtude do sempre crescente movimento do comércio exterior e do cada vez maior número de navios navegando, nasceu a classe dos especialistas de seguro.

Conforme cita Costa (2008, p. 13), em "[...] 1660, Edward Lloyd abriu uma casa de café em Londres, o *Lloyds Coffee House*. Nesta época, os cafés eram pontos de propagação de notícias de toda a natureza, como uma imprensa falada, feita na hora, na medida em que os acontecimentos se sucediam". Esse café era ponto de encontro favorito dos marujos dos navios atacados nas docas em Londres.

Com isso, Lloyd, valorizando sua clientela e respondendo a uma insistente demanda por informações, criou em 1696 a *Lloyd List*, que continha informações sobre chegadas e partidas de navios e as condições do tempo para as navegações marítimas. Essas informações eram fornecidas por uma rede de correspondentes nos principais portos da Europa. Então, quando um negócio era fechado no *Lloyds*, quem assumia o risco confirmava a sua assinatura sob (*under*) os termos do contrato e logo esses operadores de seguros individuais passaram a ser chamados de *underwriters* (BERNSTEIN, 1997, p. 89).

Costa (2008, p. 13) define a importância do *Lloyds* na história do seguro marítimo e dos seguros em geral: "[...] a palavra *Lloyds* é de referência obrigatória. *Lloyds* não é uma companhia de seguros como muitas vezes se pode pensar. *Lloyds* é uma associação de tomadores de risco (*underwriters*) que aceitam coberturas de riscos". Para Hansel (apud PÓVOAS, 2000, p. 60), sua função "[...] não era a de transação de negócios de seguros, pois não subscrevia apólices, mas sim proporcionar as condições para a efetivação dessas transações, em geral operações de *underwriting* que eram feitas individualmente por seus membros". Depois, por decisão do Parlamento inglês, passou a ser uma sociedade cujo objetivo social era fornecer todos os meios aos seus sócios para gerirem negócios de seguros.

Com o Renascimento e sua grande contribuição para o desenvolvimento do capitalismo, através das novas perspectivas culturais e do modo como o risco passou a ser administrado, ocorreu um grande avanço no seguro, proporcionando sua consolidação. Conseguintemente, ocorre o desenvolvimento do resseguro, que conta com a vantagem da especialização do ressegurador nos riscos mais vultosos; assim ficam estabelecidas suas condições básicas: o limite a ser protegido, a data do vencimento e as bases de recuperação. Paralelamente ao avanço do seguro, vê-se também o aparecimento do cosseguro – a distribuição de um risco por vários seguradores –, porém mais timidamente que o resseguro acima citado (CONTADOR, 2007, p. 8).

O seguro, em todos os seus segmentos, continuou se desenvolvendo, com a Inglaterra tendo grande pioneirismo. Souza (2002, p. 5) relata que o grande incêndio ocorrido em Londres em 1667 destruiu cerca de 13 mil casas e dezenas de prédios públicos e igrejas. A Catedral de Saint Paul, um dos maiores símbolos da cidade, quase foi totalmente destruída. Tal evento fez surgir a primeira companhia de seguros "contra incêndio" no mundo e, consequentemente, o primeiro *seguro incêndio* no mundo. Em relação ao *seguro de vida*, o autor deixa claro que "[...] também surgiu na Inglaterra, onde foram criadas as primeiras sociedades seguradoras nos moldes que conhecemos nos dias atuais".

Até então, o seguro era encarado por muitos como um jogo de azar; o conceito de risco não estava claramente definido, e o cálculo dos prêmios, indenizações e previsão de sinistros era feito baseado na experiência passada e empiricamente, sem qualquer embasamento científico; além disso, o valor do risco e o preço do prêmio não tinham a relação necessária. O setor demonstrava carência de moral e fundamentação científica. Entretanto, a matemática, que é o pilar do seguro, começava a se revolucionar com a descoberta e fundamentação da teoria das probabilidades.

Os avanços matemáticos foram fundamentais para a evolução da atividade de seguros e formação dos critérios atuariais que permanecem até os dias de hoje. Freire (1959, p. 33) conclui que a descoberta da teoria das probabilidades por Blaise Pascal (1623-1662), exposta em sua obra nominada Geometria do Espaço "Aleae Geometria", em conjunto com a Estatística, deu grande impulso ao seguro, possibilitando o agrupamento de riscos e o cálculo dos prêmios, que demonstraram ser essenciais para a experiência de contrato independente.

Contador (2007, p. 8) disserta sobre os avanços ocorridos durante o Renascimento em todos os setores da sociedade, analisando sua influência sobre o seguro. Em relação à matemática, afirma que:

> Os conhecimentos acumulados e divulgados por Pascal, Newton, de Méré, Pacioli, Fermat (1601-1665) e outros, e a consolidação de conceitos e princípios, desenvolveram a teoria das probabilidades, a fundamentação matemática para o conceito de risco. Bernoulli (1654-1705) lançou o conceito de valor esperado, hoje mais conhecido como expectativa matemática, e a ideia central de que as pessoas atribuem valores diferentes ao risco.

Diversas catástrofes coletivas auxiliavam na difusão do seguro, estimulando a busca por sua proteção e a criação de instituições dispostas a assumir os riscos dos sinistros. Estas, por sua vez, necessitavam de uma sinergia de conhecimentos para poderem exercer sua atividade. Com isso, "[...] religiosos, matemáticos, advogados e artistas formam um conjunto bizarro dos precursores da Atuária moderna". O jogo deixa de ser abominado e se torna uma alternativa de escolha, junto com o seguro, pois se torna possível tomar decisões fundamentadas na probabilidade de ocorrência de eventos.

Capítulo 1

O mundo entrava numa nova era, paradigmas eram quebrados em todos os setores da sociedade, o contexto socioeconômico estava mudando. Novas filosofias de pensamento foram sendo criadas, o capitalismo começava a tomar força, a meritocracia substituía a obtenção de riqueza através de saques ou de nascimento nobre, era possível ascender socialmente pelo suor do próprio trabalho, a economia era revolucionada pelas ideias de Adam Smith (1723-1790) e outros pensadores, a Revolução Industrial proporcionava uma grande oferta de produtos, o padrão de vida médio crescia. Cenário ideal para o crescimento do mercado de seguros.

Freire (1959, p. 37) reforça essa ideia:

> [...] À revolução industrial operada no século XVIII, seguiu-se um período favorável à expansão do seguro, marcado de 1770 a 1840, época em que se organizaram, em bases científicas, as primeiras instituições seguradoras.
>
> O afluxo de capitais para a indústria, verificado no século XIX, determinou o incremento dos negócios em geral e, consequentemente, o seguro, pela sua finalidade reparadora e recuperadora de valores, se expandiu comercial e tecnicamente.
>
> A formação de empresas de fortes capitais que oferecem garantias duradouras e a descoberta de probabilidades que ensinam a determinar as leis estatísticas e organizar formas para a previsão dos sinistros imprimiram ao seguro a confiança e segurança especulativa para ambas as partes, segurado e segurados.

Para Contador (2007, p. 12), "[...] o seguro se popularizava nos países mais industrializados, e, com o fim das barreiras morais, o seguro de vida se transformava na grande atração". O autor também apresenta dados que comprovam a evolução do setor: "[...] nos EUA, a penetração do seguro de vida [...] cresce de 1,4%, em 1880, para 8,7% em 1913 e para 53% em 1963". Com isso, o valor de ativos das empresas seguradoras e a participação no PIB demonstraram um grande aumento a partir de 1860.

O mercado de seguros nos países industrializados passava por uma fase de euforia, com grandes ganhos financeiros e enriquecimento inédito, principalmente nos EUA. A especulação financeira tomava conta dos negócios. Porém, em outubro de 1929, o colapso da Bolsa de Valores de Nova York abala o mundo por cerca de quatro anos. Desemprego, falências e patrimônios quebrados eram as notícias mais comuns. A euforia do mercado de seguros (cujas reservas das seguradoras eram aplicadas em ativos financeiros que haviam sido transformados em pó) terminava (CONTADOR, 2007, p. 17).

A crise de 1929 representou uma fase negra para o mercado de seguros e a economia em geral. Porém, plantou as bases para a fase moderna do seguro, com os seus quatro pilares básicos, definidos por Contador (p. 17):

> Primeiro, o estabelecimento de um marco regulatório que estimule a concorrência, corrija ou compense as falhas de mercado no tocante à informação desigual [...] e amorteça ou elimine as crises de insolvência dos mercados de seguros. Segundo, a imposição de melho-

res leis de proteção ao consumidor. Terceiro, o setor passou a contar com o [...] avanço da informática e das novas tecnologias da informação e comunicação [...]. E quarto, o processo de internacionalização [...] nos mercados de seguro [...]; a integração dos mercados nacionais de seguro e de ativos financeiros; rápida difusão da tecnologia de informação; troca internacional do conhecimento sobre as metodologias e técnicas de avaliação de riscos; e a integração dos mercados financeiros internacionais.

Assim, levando em conta os pilares acima citados e seu desenvolvimento ao longo do séc. XX, pode-se inferir que a tendência do mercado de seguros será a sua integração total com os mercados financeiros, num mundo globalizado.

Para Contador (2007), essa será a próxima fase do seguro: a fase pós-moderna, onde a "[...] moderna teoria das finanças será generalizada não apenas na gestão de reservas técnicas, mas também na própria interpretação do contrato de seguro como um ativo financeiro [...]"; a "[...] capacidade de diversificação e de transferência de riscos serão inéditas"; a globalização trará avanços em diversos setores, haverá mercados mais competitivos, comunicação integrada, regulação menos restritiva, modelos atuariais mais desenvolvidos, consumidores mais instruídos e combativos, além de enormes oportunidades no setor. Portanto, toda essa sinergia de fatores nos permite traçar uma nova perspectiva para o futuro do mercado de seguros.

1.2 SEGURO NO BRASIL

1.2.1 Colônia

Nos primeiros 300 anos após o descobrimento, o Brasil vivia isolado do mundo, abastecendo e enriquecendo a Corte portuguesa, sem nenhum incentivo ou auxílio para qualquer empreendimento. Os seguros estavam restritos às atividades marítimas, entre elas o comércio negreiro, que eram regulamentadas pela Corte.

Entretanto, com a vinda da família real ao Brasil, e a abertura dos portos brasileiros às nações amigas, em 1808, deu-se início ao intercâmbio com o estrangeiro, beneficiando o país econômica e socialmente. Dentre esses benefícios estava a possibilidade do exercício do seguro. O primeiro ato governamental foi o decreto de 24 de fevereiro de 1808, que autorizava o funcionamento da Companhia de Seguros "Boa Fé", na Bahia, correspondendo aos anseios dos comerciantes locais, que necessitavam de prevenções contra os riscos marítimos (FREIRE, 1959).

Segundo Calvano Machado (2006), as atividades de seguro eram regulamentadas pelas "Regulações da Casa de Seguros de Lisboa", de 1791, e que vigoraram até a Proclamação da Independência. Em 7 de setembro de 1822, o Brasil alcançou a condição de nação livre, conseguintemente ocorreu a formação do Império. Tais fatos, segundo Freire (1959, p. 134), "[...] abriram caminho às iniciativas comerciais e, consequentemente, favoreceram o incremento da indústria do seguro".

1.2.2 Império

Durante o Império, a atividade seguradora foi marcada pelas regulamentações de seguros. Em 25 de junho de 1850 foi promulgado, pela Lei nº 556, o Código Comercial Brasileiro, que disciplinava especificamente os seguros marítimos, com disposições aplicáveis a todos os demais seguros. Esse código proporcionou o desenvolvimento da atividade no país, conforme cita Póvoas (2000, p. 159):

> A promulgação do Código Comercial desempenhou [...] papel de grande relevo, não apenas dos (seguros) marítimos, mas de todos os outros ramos, na medida em que suas normas, princípios institucionais e operacionais foram supletivamente utilizados em outras modalidades de seguro; é incontestável que tal regulação deu confiança à comunidade, pelo que muitas seguradoras foram constituídas e muitas agências de seguradoras estrangeiras, quase todas inglesas, se instalaram de tal forma que, em 1900, funcionavam no Brasil 24 seguradoras, 18 nacionais e 6 estrangeiras.

Surgia um cenário onde muitas seguradoras foram constituídas no Brasil, e as seguradoras estrangeiras começavam a se interessar pelo mercado nacional. Então o governo publicou as primeiras regulamentações visando controlar a atividade de seguros e autorizou o ingresso de filiais de diversas seguradoras do exterior. Contador (2007, p. 22) cita que em 1860 "[...] os Decretos nºs 2.679, de 2/11/1860, e 2.711, de 19/12/1860, estabelecem a obrigatoriedade da divulgação de balanços" e que em 1863, "[...] novas medidas estabelecem normas para apresentação e divulgação de balanços das seguradoras".

1.2.3 República

O mercado segurador já havia alcançado um desenvolvimento satisfatório no final do século XIX, porém não havia uma preocupação com a solidez econômico-financeira das companhias seguradoras e a ausência de barreiras ao capital estrangeiro.

Nesse contexto, o seguro dá um grande salto com o Decreto nº 4.270, de 10/12/1901, conhecido como Regulamento Murtinho, que criava a Superintendência Geral dos Seguros, subordinada ao Ministério da Fazenda, que deveria fiscalizar o cumprimento da lei pelas sociedades de seguros terrestres, marítimos e de vida. Além disso, deveria estabelecer diversas normas destinadas a controlar a higidez do mercado, dentre as quais a autorização prévia para o exercício da atividade; o depósito inicial como garantia de obrigações; a separação obrigatória entre ramos "vida" e "elementares"; e a vedação à operação da mesma seguradora nos dois ramos, entre outras medidas normativas de destaque, como a regra que fixou o limite de retenção de cada risco a 20% do capital realizado pela companhia seguradora (RIBEIRO, 2006).

Conforme Freire (1959, p. 143), as trinta empresas estrangeiras que operavam no Brasil se manifestaram contra o Regulamento Murtinho, pois este continha grande rigor fiscal. Tal fato levou o governo brasileiro a realizar uma reforma na referida legislação, com o Decreto nº 5.072, de 12/12/1903, que contrariava os princípios fundamentais do decreto original ao criar o "regime de exceção", que beneficiava as seguradoras estrangeiras. As principais mudanças foram a transformação da Superintendência Geral de Seguros, ainda inativa, em Inspetoria de Seguros; a permissão para que uma sociedade de seguros de ramos elementares pudesse operar também no ramo vida; e o estabelecimento de preceitos de aspectos técnicos e contábeis.

A promulgação do Código Civil Brasileiro em 1916, com um capítulo específico dedicado ao "contrato de seguro", foi, segundo Ribeiro (2006), fato de grande relevância para o desenvolvimento do mercado e um marco na história dos seguros privados no Brasil. Preenchia um vazio normativo do sistema jurídico brasileiro ao disciplinar de maneira ampla o contrato de seguro e estabelecer regras próprias para os seguros terrestres e o seguro de vida.

Ao mesmo tempo que o seguro privado se desenvolvia, o capitalismo ia tomando força no país, com o Estado começando a ampliar sua atuação no domínio econômico. Assim, surgiam as normas destinadas a regular os chamados "seguros sociais", que viriam a formar um segmento completamente distinto dos seguros privados. Exemplo disso foi o seguro de acidentes na indústria, tornado obrigatório por meio do Decreto nº 3.724, de 15/1/1919.

A crise financeira de 1929 atingia o Brasil e, consequentemente, seu mercado de seguros, causando insolvência nas seguradoras e drástica diminuição dos investimentos externos e da poupança total, entre outros fatores que evidenciavam a situação econômica mundial. Aliado a isso, ocorria no Brasil um aumento do sentimento nacionalista, que refletia a onda intervencionista do Estado nas questões econômicas, políticas e sociais. Cenário que levou ao fim do Estado oligárquico e ao início da ditadura política, com a constituição de 1937 (o Estado Novo). Uma de suas medidas foi o "Princípio de Nacionalização do Seguro".

Então, com a proibição de remessa de divisas para o exterior para cobertura de seguro e resseguro, foi criado em 1939 o IRB (Instituto de Resseguros do Brasil), um monopólio de todos os contratos de resseguros (o seguro do seguro) de empresas que operam no Brasil. Conforme cita Contador (2007), a criação desse monopólio "[...] foi baseada no argumento de que o IRB favorecia a expansão do seguro (o que de fato ocorreu, na ocasião) e de que ajudaria a desencadear o desenvolvimento do mercado financeiro doméstico (o que não ocorreu)". De acordo com Costa (2008), o IRB se transformou, com o passar do tempo, em "[...] um centro formador de excelentes técnicos e atuários" e se tornou um importante instrumento de "[...] engrandecimento do comércio nacional de seguros", pois das 111 seguradoras que em 1940 atuavam no Brasil, 33 eram estrangeiras e 78 nacionais; enquanto em 1945 eram 26 estrangeiras e 107 nacionais.

Com o Decreto-lei nº 73/66, que consistiu na definição e institucionalização do Sistema Nacional de Seguros Privados (SNSP), o quadro administrativo destinado a fiscalizar e regular a atividade seguradora foi expandido. O mesmo tinha objetivo de coordenar a política de seguros e preservar a liquidez das seguradoras. Assim, o SNSP

Capítulo 1

era composto por um órgão normativo – o Conselho Nacional de Seguros Privados (CNSP) – e dois executivos: o IRB, reformulado da sua criação em 1939, além da Superintendência de Seguros Privados – Susep. Ao CNSP cabia a função ampla de regular a atividade seguradora, ao passo que a Susep exerceria duas principais funções: implementar as normas editadas pelo CNSP e fiscalizar o funcionamento das sociedades seguradoras (RIBEIRO, 2006).

A Figura 1.1 mostra o organograma do SNSP, na época:

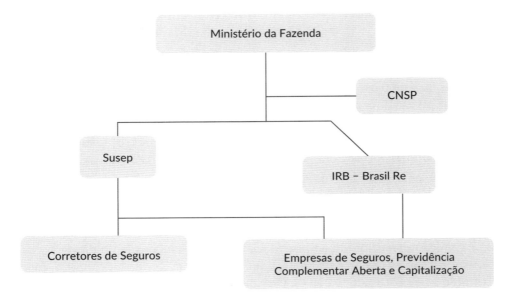

Fonte: LIMA; LIMA; PIMENTEL (2006).
Figura 1.1 Sistema Nacional de Seguros Privados.

A partir daí a indústria de seguros passou a crescer consideravelmente, acompanhando a economia nacional. Porém, no início dos anos 1980, o cenário muda radicalmente devido a diversos acontecimentos: os choques do petróleo, a crise financeira internacional de 1982, o crescente endividamento externo e interno, a crise política e principalmente a hiperinflação. Outro fato que afetava seriamente o mercado de seguros era a ausência de correção monetária nos contratos, fato que seria corrigido apenas em 1987. Assim, a qualidade dos registros estatísticos se deteriorava e o mercado de seguros sofre nova fase de desconfiança devido à grande dificuldade de regular e controlar as empresas seguradoras (CONTADOR, 2007).

Entretanto, com a amenização das crises, a reestruturação técnico-administrativa da Susep em 1985 (melhorando sua operacionalidade, corrigindo distorções e modificando a regulamentação), a queda da inflação com a criação do Plano Real e a melhoria da política econômica, o setor evolui para outro patamar, com o valor dos prêmios atingindo proporção cada vez maior no PIB.

Corroborando com a melhora do cenário citado, ocorre a abertura do mercado nacional de seguros ao capital estrangeiro (que até então era restrito). Souza (2002, p. 10) afirma:

> Com a abertura de mercado, não foi só o volume de investimentos que mudou no mercado de seguros brasileiro com a chegada maciça de empresas multinacionais. As empresas nacionais foram obrigadas a rever suas culturas e estratégias, desenvolver novas formas de comercialização, investir em tecnologia, qualificar e disputar mão de obra e inovar, oferecendo novos e melhores produtos. Isto ocorreu porque a legislação de seguros, embora protecionista, não estabeleceu restrições absolutas para o capital estrangeiro no Brasil.

Assim, a legislação, a estabilização da economia e o tamanho do mercado brasileiro e seu enorme potencial de crescimento representaram a oportunidade ideal para as empresas estrangeiras expandirem seu crescimento. Com isso, segundo Ribeiro (2006), "[...] mais de vinte seguradoras estrangeiras ingressaram no mercado brasileiro [...]". Conforme Souza (2002), diversas seguradoras nacionais passaram a contar com parceiros estrangeiros, que, apesar de não possuírem conhecimento profundo do mercado, traziam consigo novos produtos, tecnologias de gerenciamento, formação de preços e comercialização. A Tabela 1.1 mostra dados de 2007 e 2008, a projeção para os próximos anos do PIB brasileiro e sua evolução, além da arrecadação do mercado de seguros e sua participação no PIB.

Tabela 1.1 Arrecadação do mercado de seguros × PIB

	Período	Deflator implícito do PIB - Variação anual	PIB - R$ mil	PIB - Variação real	Arrecadação emitida - R$ mil	Arrecadação emitida - Variação real	s/ PIB
REALIZADO	2007	3,7%	2.597.611.000	5,7%	84.327.689	–	3,2%
REALIZADO	2008	5,8%	5.889.719.000	5,1%	96.398.473	8,0%	3,3%
ESTIMADO	2009	5,5%	3.079.140.080	1,0%	102.907.381	1,2%	3,3%
ESTIMADO	2010	5,0%	3.346.255.482	3,5%	114.373.490	5,8%	3,4%
ESTIMADO	2011	5,0%	3.671.678.828	4,5%	127.178.947	5,9%	3,5%
ESTIMADO	2012	4,5%	4.028.749.594	5,0%	140.759.252	5,9%	3,5%

Fonte: Confederação Nacional das Empresas de Seguros Gerais, Previdência Privada e Vida, Saúde Suplementar e Capitalização.

Capítulo 1

Dando continuidade à política de abertura econômica e à necessidade de expandir ainda mais o setor, inicia-se em 1996 o processo de abertura do mercado de resseguro, com a Emenda Constitucional nº 13, de 21 de agosto de 1996. Abertura esta que se consolidou através da Lei Complementar nº 126/2007, de 15 de janeiro de 2007, que estabeleceu a "nova política de resseguro, retrocessão e sua intermediação, as operações de cosseguro, as contratações de seguro no exterior e as operações em moeda estrangeira do setor securitário". Com isso, o IRB perdeu suas atribuições, tornando-se um ressegurador local, sem privilégios, que passaria a competir em igualdade de condições no mercado ressegurador nacional. A publicação da Resolução CNSP nº 169, de 17/4/2008, formalizou a abertura do mercado de resseguros no Brasil.

Impulsionado pela Lei nº 11.638/2007, o projeto de convergência das normas contábeis internacionais emitidas pelo IASB previa que o Brasil passaria a adotar as normas internacionais de contabilidade, conhecidas como IFRS (International Financial Reporting Standards) a partir de 2010. Sendo assim, os órgãos reguladores do Brasil, dentre eles a Susep, passaram a requerer que as empresas brasileiras fizessem a internacionalização de suas demonstrações contábeis. O Banco Central, por exemplo, exigiu que as instituições financeiras adotassem as normas internacionais emitidas pelo Iasb a partir de 2010. Inicialmente, a Comissão de Valores Mobiliários (CVM) lançou a Deliberação nº 488/2005, fazendo que as demonstrações contábeis já começassem a se adaptar às classificações internacionais e, em seguida, a autarquia passou a exigir demonstrações contábeis em IFRS a partir de 2010.

Essas normas internacionais foram traduzidas para o português pelo Comitê de Pronunciamentos Contábeis (CPC), e as empresas brasileiras passaram a adotar as normas internacionais de contabilidade a partir de 2010, obedecendo aos requerimentos dos diversos órgãos reguladores brasileiros, os quais aprovaram todos os pronunciamentos técnicos contábeis emitidos pelo CPC.

BALANÇO PATRIMONIAL

Objetivos de Aprendizagem

- ☑ Analisar um dos principais relatórios gerados pela contabilidade: o balanço patrimonial.
- ☑ Apresentar os conceitos fundamentais para seu entendimento, bem como sua estrutura de apresentação.
- ☑ Reconhecer os eventos econômicos realizados por uma entidade no balanço patrimonial.

2.1 INTRODUÇÃO

A posição patrimonial e financeira de uma entidade é afetada pelos recursos econômicos que ela controla, e as informações sobre esses recursos, bem como sua capacidade de modificá-los, são úteis para prever a capacidade que a entidade tem de gerar caixa e equivalentes de caixa no futuro.

O item 4.2 do Pronunciamento Conceitual Básico (R1) expõe que:

As demonstrações contábeis retratam os efeitos patrimoniais e financeiros das transações e outros eventos, agrupando-os em classes de acordo com as suas características econômicas. Essas classes amplas são denominadas de elementos das demonstrações contábeis. Os elementos diretamente relacionados à mensuração da posição patrimonial e financeira no balanço são os ativos, os passivos e o patrimônio líquido.

Nesse sentido, o balanço patrimonial é uma demonstração que fornece informações sobre a situação patrimonial e financeira da entidade, possibilitando a obtenção de indicadores de liquidez, endividamento, estrutura de financiamento, concentração da dívida, entre vários outros possíveis. Esse relatório apresenta, de maneira ordenada, uma descrição do conjunto de bens, direitos, obrigações, assim como o patrimônio líquido da entidade e seus respectivos saldos em uma determinada data.

Os principais conceitos relacionados ao balanço patrimonial são apresentados a seguir, tendo como objetivo fornecer informações que possibilitem o entendimento do seu conteúdo.

2.2 GRUPOS QUE COMPÕEM O BALANÇO PATRIMONIAL

O balanço patrimonial é dividido em três grandes grupos: ativo, passivo e patrimônio líquido, os quais são analisados detalhadamente a seguir.

2.2.1 Ativo

Representa o conjunto de recursos controlados pela entidade, em determinada data, dos quais se esperam benefícios econômicos futuros, tais como: imóveis, veículos, terrenos, os direitos a receber decorrentes de alguma aplicação financeira ou empréstimo concedido etc.

O Comitê de Pronunciamentos Contábeis (CPC) apresenta, no Pronunciamento Conceitual Básico (R1), a seguinte definição de ativo (item 4.4, item a):

> Ativo é um recurso controlado pela entidade como resultado de eventos passados e do qual se espera que fluam futuros benefícios econômicos para a entidade.

Percebe-se da definição que os ativos devem **sempre** representar **benefícios econômicos futuros** para quem os utiliza, pois, caso contrário, perdem a característica essencial de um ativo. Como exemplo, se você tem uma máquina quebrada que não tem mais conserto, ela não representa um ativo do ponto de vista econômico, pois não gera nenhum benefício (apesar de representar um bem do ponto de vista físico). Se você tem o direito de receber um valor de alguém que está falido e não tem condições de pagar, esse direito não será convertido em dinheiro e, portanto, não representa um ativo.

Assim, os ativos são reconhecidos no balanço patrimonial de uma empresa apenas se representarem benefícios econômicos futuros. Dessa forma, estoques obsoletos, créditos incobráveis ou máquinas que não funcionam devem ser eliminados da lista de ativos da empresa.

2.2.2 Passivo

Representa o conjunto de obrigações já existentes para a entidade, em determinada data, e que são decorrentes de eventos ocorridos. Os passivos representam as obrigações que a empresa tem com terceiros, cuja liquidação resultará na saída de recursos econômicos da empresa, tanto na forma de recursos financeiros como na forma de entrega de produtos ou serviços.

O Comitê de Pronunciamentos Contábeis (CPC) apresenta, no mesmo Pronunciamento Conceitual Básico já citado, a seguinte definição de passivo (item 4.4, item b):

> Passivo é uma obrigação presente da entidade, derivada de eventos passados, cuja liquidação se espera que resulte na saída de recursos da entidade capazes de gerar benefícios econômicos.

2.2.3 Patrimônio líquido

Corresponde ao valor residual dos ativos da entidade após a dedução dos seus passivos. Pode-se dizer que o patrimônio líquido representa os valores que estariam disponíveis para os acionistas ou proprietários na data do balanço, em função da atividade desempenhada pela empresa até aquele momento. Representa a riqueza residual que pertence aos proprietários da empresa.

O Comitê de Pronunciamentos Contábeis (CPC) apresenta, no mesmo Pronunciamento Conceitual Básico (R1) já citado, a seguinte definição de patrimônio líquido (item 4.4, item c):

> Patrimônio Líquido é o interesse residual nos ativos da entidade depois de deduzidos todos os seus passivos.

Para entender o desenvolvimento do patrimônio líquido ao longo do tempo, vamos elaborar um exemplo simples: um grupo de 3 pessoas decide abrir uma empresa no ramo de seguros (Corretora S.A.), investindo o valor de $ 20.000 cada um e formando um capital inicial de $ 60.000. Depois de cumprir todas as etapas burocráticas para a abertura de uma empresa, as atividades são iniciadas.

Nesse momento surge uma nova entidade (a empresa) que possui o controle dos recursos, realiza operações, assume responsabilidades e obtém direitos. Assim, a contabilidade deve separar o que pertence a essa nova entidade e o que pertence aos donos do capital, considerando a empresa completamente distinta da figura dos sócios. Essa distinção caracteriza um princípio fundamental da contabilidade conhecido como **Princípio da Entidade**, ou seja, os recursos da empresa não se confundem com os recursos dos sócios ou proprietários, devendo ser controlados separadamente.

Essa entidade, antes de qualquer outra atividade, já pode apresentar seu primeiro balanço patrimonial, da seguinte forma:

Capítulo 2

Corretora S.A.			
Ativo		**Passivo**	
Caixa	$ 60.000		
		Patrimônio líquido	
		Capital social	$ 60.000
TOTAL	**$ 60.000**	**TOTAL**	**$ 60.000**

Pode parecer estranho, num primeiro momento, que o mesmo valor de $ 60.000 esteja representado em dois lugares do balanço patrimonial. Isso acontece devido ao método utilizado pela contabilidade para registro das operações de uma entidade. Esse método é conhecido como "**Método das Partidas Dobradas**" e vem do princípio de que toda aplicação de recursos no ativo tem uma fonte correspondente ou, em outras palavras, "tudo vem de algum lugar e vai para algum lugar". Esse conceito é fundamental para a compreensão da contabilidade e será abordado novamente em momentos oportunos.

Voltando ao balanço patrimonial da Corretora S.A., para que esta funcione, os proprietários precisam de uma estrutura mínima, como um imóvel, para se instalar, computadores, móveis e utensílios etc. Decidem, então, comprar um computador no valor de $ 4.000 junto a um fornecedor, sendo que este concedeu um prazo de 30 dias para pagamento.

Logo depois da compra do computador, o novo balanço patrimonial da empresa seria representado da seguinte maneira:

Corretora S.A.			
Ativo		**Passivo**	
Caixa	$ 60.000	Contas a pagar	$ 4.000
Computador	$ 4.000	*Patrimônio líquido*	
		Capital social	$ 60.000
TOTAL	**$ 64.000**	**TOTAL**	**$ 64.000**

Agora, percebe-se que o total de ativos da Corretora S.A. aumentou de $ 60.000 para $ 64.000, pois o computador passou a integrar a lista de ativos. O lado direito mostra que os recursos para a compra do computador vieram de terceiros, mais especificamente dos fornecedores, e que a empresa não utilizou os recursos próprios dos sócios para essa compra. Depois de registrada essa operação de compra, o total do ativo passa a ser $ 64.000, idêntico à soma do valor do passivo mais o valor do patrimônio líquido.

Essa igualdade **sempre** será verificada no balanço patrimonial, uma vez que todos os registros indicam as **fontes** e as **aplicações** dos recursos. Nesse caso, as fontes são representadas pelos recursos obtidos junto aos sócios e a terceiros, pela dívida assumida com fornecedores, enquanto as aplicações são representadas pelo computador adquirido e pelos recursos que se encontram disponíveis em caixa.

Suponha que, durante o primeiro mês de atividades, a empresa consiga prestar um serviço por $ 10.000, à vista. Após esse evento, o caixa da corretora aumenta em $ 10.000 (pelo serviço prestado) e, portanto, o ativo passa a ser de $ 74.000. Por outro lado, para prestar esse serviço a empresa gastou $ 1.500 (combustível, telefone, energia elétrica). Dessa forma, o total de ativos da empresa, que era de $ 74.000, passa a ser de $ 72.500.

Analisando-se essa situação após a prestação do serviço, pode-se indagar de onde vieram os recursos aplicados na empresa. Percebe-se que a dívida com o fornecedor, ainda não paga, representa uma parte das fontes dos recursos, no valor de $ 4.000, sendo que os outros $ 60.000 correspondem aos recursos iniciais dos proprietários da empresa. De onde surgiu, então, a diferença correspondente aos $ 8.500 que estão faltando?

Da análise anterior verifica-se que esse valor de $ 8.500 provocou aumento do ativo em função da atividade da empresa. O fato de a Corretora S.A. ter conseguido prestar um serviço por $ 10.000 e ter gasto apenas $ 1.500 para tal gerou um aumento de $ 8.500 no patrimônio líquido da empresa. Esse acréscimo de valor pertence aos proprietários, pois o resultado gerado pela atividade será a eles destinado e, enquanto não for distribuído, é apresentado no lado direito do balanço patrimonial no grupo do patrimônio líquido (no quadro a seguir é apresentado na linha denominada "Lucros"[1]).

Corretora S.A.			
Ativo		**Passivo**	
Caixa	$ 68.500	Contas a pagar	$ 4.000
Computador	$ 4.000	*Patrimônio líquido*	
		Capital social	$ 60.000
		Lucros	$ 8.500
TOTAL	**$ 72.500**	**TOTAL**	**$ 72.500**

---

[1] Os efeitos ocasionados no balanço patrimonial em função de receitas e despesas serão abordados detalhadamente no próximo capítulo.

A conta "Lucros" indica, portanto, que os recursos de $ 8.500 foram originados da operação da empresa e enquanto não forem distribuídos estarão financiando os ativos da empresa.

Resumindo, a figura do balanço patrimonial indica, do lado esquerdo, os bens e direitos da entidade, os quais devem representar benefícios econômicos futuros. Do lado direito, temos o passivo, representado pelas dívidas junto a terceiros, e o patrimônio líquido, que representa a riqueza residual da entidade e é composto pelo capital social (recursos advindos dos proprietários) e pelos lucros obtidos nas atividades realizadas pela empresa (que, em última análise, também pertencem aos proprietários).

2.3 CLASSIFICAÇÃO DOS ITENS QUE COMPÕEM O BALANÇO PATRIMONIAL

A apresentação dos componentes do balanço patrimonial é feita de acordo com os critérios definidos pela Lei das Sociedades por Ações (Lei nº 6.404/76 e alterações posteriores).

De acordo com a legislação, os ativos são classificados em função do prazo de realização e os passivos em função do prazo de exigibilidade, e são divididos em dois grupos: **circulante** e **não circulante**. O "divisor de águas" para os dois grupos é padronizado pelas normas contábeis em um período de um ano, ou seja, consideram-se ativo circulante os itens que se realizam em até um ano, contados a partir da data do balanço, e consideram-se passivo circulante os itens exigíveis em até um ano, contados a partir da data do balanço; por sua vez, no grupo não circulante são registrados os itens que se realizarão ou serão pagos em um período superior a um ano, contados a partir da data do balanço.

No entanto, se a empresa apresentar ciclo operacional[2] maior que um ano, a classificação no grupo circulante (ou curto prazo) e no grupo não circulante (longo prazo) terá por base o prazo desse ciclo.

O objetivo dessas classificações no balanço patrimonial é evidenciar as informações para permitir uma avaliação mais adequada da situação financeira da entidade em relação ao tempo de recebimentos e pagamentos.

2.3.1 Ativo

No **ativo**, as contas são apresentadas em ordem decrescente do grau de liquidez, ou seja, das que apresentam maior grau de conversibilidade em recursos financeiros para as de menor grau.

---

[2] Entende-se por ciclo operacional o período que a empresa leva para produzir, vender e receber a venda dos produtos.

2.3.1.1 Ativo circulante

De acordo com a Lei das Sociedades por Ações, ativo circulante é definido como bens e direitos realizados ou utilizados dentro do ciclo operacional da empresa ou no período de 12 meses da data do balanço, o que for maior.

A título de exemplo, uma empresa do setor de alimentos, devido à sua atividade operacional, possui ciclo operacional bem pequeno e, portanto, o período de um ano para separação dos ativos de curto e longo prazo é adequado. No caso de uma indústria naval, contudo, com base no critério de um ano, boa parte dos seus ativos operacionais estaria classificada no realizável a longo prazo, pois o processo de fabricação de navios é lento e, geralmente, demora mais de um ano. Será que essa classificação seria adequada para a análise da situação financeira dessa empresa? Parece que não, pois, para essa empresa, o prazo de um ano é muito pequeno para caracterizar curto e longo prazo, uma vez que o seu horizonte de operações é muito maior.

Em função disso, quando o ciclo operacional de uma empresa for superior a um ano, a segregação dos dois grupos, circulante e não circulante, passa a ser o período do ciclo operacional, ou seja, a mudança de critério para classificação entre circulante e não circulante é adotada apenas nos casos em que o ciclo operacional é superior a um ano.

2.3.1.2 Ativo não circulante

O ativo não circulante é dividido em alguns subgrupos: realizável a longo prazo, investimentos, imobilizado e intangível, que serão analisados a seguir.

Realizável a longo prazo

No subgrupo do realizável a longo prazo serão classificados:

- Bens e direitos realizáveis após 12 meses da data do balanço ou em período maior que o ciclo operacional da empresa.
- Bens e direitos oriundos de negócios não operacionais realizados com empresas coligadas ou controladas, acionistas, diretores, ou seja, com partes relacionadas.

Os bens e direitos a receber decorrentes de operações não usuais da entidade com partes relacionadas devem ser classificados como realizáveis a longo prazo, independentemente do prazo de vencimento. Isso se caracteriza como uma exceção prevista na legislação brasileira, pois contraria os critérios de separação apresentados.

Partes relacionadas são o conjunto de entidades, físicas ou jurídicas, que possuam algum vínculo com a empresa, de tal modo que haja uma relação de dependência ou influência entre elas. Isso significa que o fato de tais entidades se relacionarem com a

Capítulo 2

presença de dependência ou influência permite que os negócios existentes entre elas não sejam feitos da mesma maneira que seriam com terceiros, não relacionados à empresa. Exemplos de partes relacionadas são empresas coligadas ou controladas, diretores, acionistas ou participantes dos lucros da empresa.

Investimentos

No subgrupo dos investimentos são registradas as participações permanentes em outras sociedades e os direitos de qualquer natureza, não classificáveis no ativo circulante e no realizável a longo prazo, e que não se destinem à manutenção da atividade da companhia.

Imobilizado

No subgrupo do imobilizado são registrados os bens corpóreos (tangíveis) destinados à manutenção das atividades da companhia ou exercidos com essa finalidade, inclusive os decorrentes de operações que transfiram à companhia os benefícios, riscos e controle desses bens. Pode-se dizer que esse grupo é composto pelos ativos que formam, em geral, a estrutura necessária para que a empresa exerça suas atividades de comprar, produzir, administrar e comercializar.

Intangível

No subgrupo do intangível são registrados os direitos que tenham por objeto bens incorpóreos destinados à manutenção da companhia ou exercidos com essa finalidade. Embora também estejam voltados à manutenção das atividades da empresa, diferenciam-se do imobilizado por não apresentarem característica física.

Percebe-se que a classificação dos ativos no balanço patrimonial da empresa baseia-se em intenção, uma vez que os dois primeiros grupos de ativos (circulante e realizável a longo prazo) representam bens e direitos cuja intenção da entidade é a realização financeira ou utilização e os três últimos grupos (investimentos, imobilizado e intangível) indicam ativos para os quais a intenção da entidade é a permanência. A intenção, contudo, não obriga a empresa a manter a mesma classificação para sempre. Por exemplo, se a empresa tem um imóvel que está usando em suas operações, esse ativo estará registrado no grupo do imobilizado, pois a empresa não tem intenção de vendê-lo. Isso não significa que a venda desse imóvel seja proibida. Se, num período seguinte, a empresa venha a desocupar o imóvel e decide colocá-lo à venda, então esse imóvel deve ser transferido de grupo e passará a ser classificado no ativo circulante ou no realizável a longo prazo. A distinção entre esses dois grupos de ativos depende do prazo de realização.

2.3.2 Passivo

No **passivo**, as contas são apresentadas em ordem decrescente do grau de exigibilidade, ou seja, das que vencem em menor prazo para as de maior prazo de pagamento.

2.3.2.1 Passivo circulante

Constituído pelas obrigações da entidade com vencimento dentro do período de 12 meses contados da data do balanço ou dentro do ciclo operacional (dos dois, o maior).

2.3.2.2 Passivo não circulante

Composto por obrigações da entidade exigíveis em um período posterior a 12 meses da data do balanço ou em período maior do que o ciclo operacional da empresa.

2.3.3 Patrimônio líquido

É apresentado depois dos passivos (circulante e não circulante) e é composto por:

- Capital social
- Reservas
- Ajustes de avaliação patrimonial
- Ações em tesouraria
- Prejuízos acumulados

É importante mencionar que, em alguns casos, o patrimônio líquido, grupo que representa os recursos dos proprietários, também é denominado "passivo". Nesse caso, está sendo assumido um conceito mais genérico de passivo, o qual representa todas as fontes de recursos. Porém, num sentido mais restrito, passivos são os recursos que são exigidos por terceiros e são também denominados **capitais de terceiros**. O patrimônio líquido, portanto, pode ser entendido como um passivo não exigível, pois os sócios e acionistas não têm a intenção imediata de exigir o retorno desses recursos, também denominados **capitais próprios** da empresa.

A soma do **capital de terceiros** com o **capital próprio** constitui o **capital total** à disposição da empresa.

Para melhor visualização e entendimento, apresenta-se a seguir uma representação gráfica do balanço patrimonial:

Capítulo 2

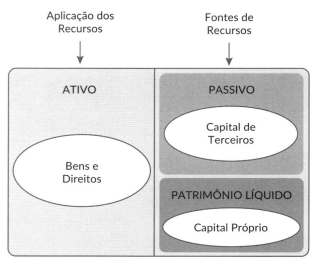

Figura 2.1 Representação do balanço patrimonial.

Considerando que o total das fontes de recursos é igual ao total das destinações, ou seja, todos os recursos obtidos estão aplicados no ativo da empresa, o total do ativo é igual ao total do passivo mais o patrimônio líquido.

A igualdade a que nos referimos baseia-se no conceito fundamental da contabilidade (Método das Partidas Dobradas), em que para cada destinação existe uma fonte, e é dessa forma que as operações devem ser controladas pela contabilidade.

Analisando a estrutura do balanço patrimonial, verifica-se que, do lado esquerdo, encontra-se o ativo devidamente classificado pelos seus grupos em ordem decrescente de liquidez e, do lado direito, o passivo e o patrimônio líquido, também devidamente classificados, por ordem decrescente de exigibilidade.

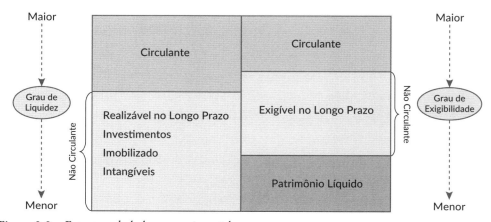

Figura 2.2 Estrutura do balanço patrimonial.

Balanço patrimonial

A seguir é apresentado o balanço patrimonial da Allianz Seguros S.A. relativo ao ano de 2015, para ilustração e melhor visualização dos aspectos tratados até o momento.

Allianz Seguros S.A.
Balanço Patrimonial em 31 de dezembro de 2015 (em milhares de reais)

Ativo		Passivo e patrimônio líquido	
Ativo circulante	**3.152.631**	**Passivo circulante**	**3.532.043**
Disponível	4.103	Contas a pagar	196.683
Aplicações financeiras	459.857	Débitos de oper. com seg. e resseg.	524.714
Prêmios a receber	854.858	Provisões técnicas – seguros	
Operações com seguradoras	55.719	Danos	2.575.062
Operações com resseguradoras	275.889	Pessoas	104.510
Ativos de resseguros – prov. técnicas	1.193.357	Vida individual	16.841
Custos de aquisição diferidos	242.793	Vida cobertura de sobrevivência	214
Outros ativos	66.055	Outros passivos	114.019
Ativo não circulante	**2.627.928**	**Passivo não circulante**	**1.331.659**
Ativo realizável a longo prazo	**2.319.128**	Contas a pagar	14.449
Aplicações financeiras	1.173.534	Débitos de oper. com seg. e resseg.	65.083
Prêmios a receber	75.492	Provisões técnicas – seguros	1.142.047
Ativos de resseguro – prov. técnicas	622.888	Outros passivos	110.080
Títulos e créditos a receber	415.291		
Custos de aquisição diferidos	23.965	**Patrimônio líquido**	**916.857**
Outros ativos	7.958	Capital social	984.035
		Aumento de capital (em aprovação)	149.000
Investimentos	**201.084**	Reservas de reavaliação	1.772
Imobilizado	**59.960**	Ajustes com tít. e valores mobiliários	(28.014)
Intangível	**47.756**	Prejuízos acumulados	(189.936)
Ativo total	**5.780.559**	**Passivo total**	**5.780.559**

Fonte: www.susep.gov.br.

Capítulo 2

Você sabia?

➤ O total do ativo circulante de todo o mercado segurador, em outubro de 2016, era aproximadamente de R$ 693 bilhões.

➤ Além do ativo circulante, há os seguintes números do mercado como um todo, aproximadamente:
  » Realizável a longo prazo – R$ 119 bilhões.
  » Imobilizado – R$ 2 bilhões.
  » Provisões – R$ 170 bilhões.
  » Patrimônio líquido – R$ 81 bilhões.

Fonte: susep.gov.br.

Pode-se observar, pela leitura do balanço patrimonial da Allianz Seguros S.A., alguns detalhes importantes que às vezes não são perceptíveis para um leigo, como a razão social da empresa e a data do balanço, que são de fundamental importância na sua identificação, além da data a que se referem as informações.

Pode-se observar que o total do ativo é igual ao total do passivo mais o patrimônio líquido, uma vez que o balanço patrimonial evidencia as origens e as aplicações de recursos, ou seja, os mesmos valores são apresentados sob dois pontos de vista: fontes e destinações. O **total do ativo é de $ 5.780.559** e representa onde os recursos foram aplicados. O passivo de **$ 4.863.702** ($ 3.532.043 no circulante e $ 1.331.659 no não circulante) representa as fontes de recursos de terceiros (credores de uma forma geral) e o patrimônio líquido de **$ 916.857** representa as fontes de recursos próprios (capital próprio), que somados totalizam os mesmos **$ 5.780.559**.

Analisando a composição do ativo, verifica-se que o **total do ativo circulante**, composto por aplicações financeiras, prêmios a receber, ativos de resseguros, entre outros, e que deverão ser transformados em dinheiro até o próximo exercício social da empresa, é **$ 3.152.631**. O ativo não circulante, composto pelo realizável a longo prazo, investimentos, imobilizado e intangível,[3] totaliza **$ 2.627.928**. Desse total, **$ 2.319.128** correspondem ao **realizável a longo prazo**, representando as aplicações cujo prazo de realização é posterior ao encerramento do próximo exercício social. As demais aplicações em investimentos, imobilizado e intangível, correspondem a **$ 308.800**.

Em relação às fontes dos recursos, pode-se observar que a maior parcela para financiar os ativos é proveniente de recursos de terceiros, representando cerca de 84%. As obrigações de longo prazo no **passivo não circulante**, vencíveis após o encerramento do

---

[3] A Lei nº 11.941/2009 eliminou a nomenclatura *ativo permanente* que contemplava os itens *investimentos*, *imobilizado* e *intangível*. Assim, essa nomenclatura não será mais utilizada nos balanços publicados relativos aos períodos de 2009 em diante.

próximo exercício social, totalizam $ **1.331.659**, representando cerca de 23% do total de recursos. As obrigações de curto prazo totalizam $ **3.532.043** e correspondem a cerca de 61% do total. Os recursos dos acionistas, representados pelo patrimônio líquido de $ **916.857**, representam cerca de 16% do total de recursos.

2.4 CRITÉRIOS DE AVALIAÇÃO DOS ITENS QUE COMPÕEM O BALANÇO PATRIMONIAL

O processo de mensuração consiste em determinar os valores pelos quais os elementos do ativo e passivo devem ser reconhecidos e apresentados no Balanço Patrimonial, sempre expressos em valores monetários na moeda do país. Embora existam várias alternativas para a avaliação de ativos e passivos, a mais usual é o custo histórico, que representa o custo de aquisição do ativo ou do passivo.

Em relação à avaliação de ativos, a Lei nº 6.404/76 e alterações posteriores estabelecem em seu artigo 183 os seguintes critérios de avaliação:

2.4.1 Contas do ativo

- As aplicações em instrumentos financeiros, inclusive derivativos, e em direitos e títulos de crédito classificados no ativo circulante ou no realizável a longo prazo são avaliadas pelos seguintes critérios:

    a) Pelo seu valor justo[4] quando forem destinadas à negociação ou disponíveis para a venda.

    b) Pelo valor de custo de aquisição ou emissão, atualizado conforme disposições legais ou contratuais, no caso das demais aplicações e os direitos e títulos de crédito. Devem ser ajustadas pelo valor provável de realização, quando este for inferior ao valor contabilizado.

- Os estoques devem ser avaliados pelo custo de aquisição ou produção, deduzidos de provisão para ajuste ao valor de mercado, quando este for inferior.

- Os investimentos classificados como participação no capital social de outras sociedades, quando caracterizarem investimentos em coligadas, controladas e em outras sociedades que façam parte do mesmo grupo da investidora ou estejam sob controle comum, são avaliados pelo Método de Equivalência Patrimonial (MEP) conforme o artigo 248 da Lei das Sociedades por Ações. Os demais investimentos são avaliados pelo custo de aquisição, deduzido de provisão para perdas prováveis na realização do seu valor.

---

[4] **Valor justo** é o preço que seria recebido pela venda de um ativo ou que seria pago pela transferência de um passivo em uma transação não forçada entre participantes do mercado na data de mensuração (definição do Comitê de Pronunciamentos Contábeis no Pronunciamento Técnico CPC 46).

Capítulo 2

- Os demais investimentos, que não caracterizam participação no capital social de outras sociedades, são avaliados pelo custo de aquisição, deduzido de provisão para atender às perdas prováveis na realização do seu valor, ou para redução do custo de aquisição ao valor de mercado, quando este for inferior.
- Imobilizado: pelo custo de aquisição (incluindo todos os gastos necessários para que o ativo esteja em condição de uso na atividade da empresa), deduzido do saldo da respectiva conta de depreciação, amortização ou exaustão.
- Intangível: pelo custo incorrido na sua aquisição, deduzido do saldo da respectiva conta de amortização, se o ativo tiver vida útil definida ou limitada por aspectos contratuais e legais.
- O imobilizado e o intangível estão sujeitos à análise de recuperabilidade dos valores registrados contabilmente para refletir eventuais perdas de valor econômico. Essa análise é conhecida como "teste de *impairment*".
- Os elementos do ativo decorrentes de operações de longo prazo serão ajustados a valor presente. Caso o efeito de ajuste a valor presente em operações de curto prazo seja relevante, deverá ser aplicado o critério também para esses itens.
- Os saldos de caixa e bancos são representados pelos efetivos saldos que a empresa mantém depositados junto a instituições financeiras ou em seu próprio poder.

Você sabia?

O maior ativo registrado na contabilidade das seguradoras são as aplicações financeiras.

Isso ocorre em função da determinação normativa que obriga as seguradoras a possuírem esse tipo de ativo para cobertura das provisões técnicas.

2.4.2 Contas do passivo

Em relação aos passivos, o artigo 184 da Lei nº 6.404/76 e alterações posteriores estabelecem que são avaliados pelo valor atualizado até a data do balanço, sendo que as obrigações em moeda estrangeira são convertidas em moeda nacional à taxa de câmbio em vigor na data do balanço.

As obrigações, os encargos e os riscos classificados no passivo não circulante serão ajustados a valor presente, sendo os demais passivos circulantes ajustados quando houver efeito relevante.

O patrimônio líquido é apresentado pelo valor original investido pelos proprietários e lucros não distribuídos.

Balanço patrimonial

Em relação ao balanço patrimonial, a Lei das Sociedades por Ações, no artigo 176, obriga a sua elaboração ao final de cada exercício social e consequente publicação, com indicação também dos valores correspondentes à demonstração do período anterior.

Você sabia?
O maior passivo de uma seguradora são as provisões técnicas.
As provisões técnicas são os passivos necessários para cobrir as indenizações com sinistros ocorridos ou que virão a ocorrer nas seguradoras.

2.5 ASPECTOS OPERACIONAIS

O balanço patrimonial apresenta como característica a igualdade entre o ativo e a soma do passivo mais patrimônio líquido. Essa igualdade é resultado de uma metodologia de registro em que toda operação é vista sob dois ângulos: fontes e aplicações.

Apresentam-se a seguir as características dos eventos que provocam alterações na situação patrimonial das empresas em função das operações que vão sendo realizadas no desempenho de suas atividades:

a) Aumento de ativo com aumento de passivo. Exemplo: obtenção de um empréstimo.

b) Aumento de ativo com aumento de patrimônio líquido. Exemplo: integralização de capital em dinheiro.

c) Diminuição de ativo com diminuição de passivo. Exemplo: pagamento de uma dívida.

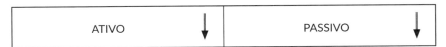

d) Diminuição de ativo com diminuição de patrimônio líquido. Exemplo: diminuição do capital social por retirada de um dos sócios.

Capítulo 2

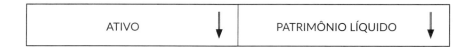

e) Manutenção do valor do ativo com mudanças em sua composição. Exemplo: aquisição à vista de um ativo imobilizado.

f) Manutenção do valor do passivo mais patrimônio líquido com alteração em sua composição. Exemplo: obrigação de longo prazo que passa a ser de curto prazo em função da aproximação do prazo de vencimento.

2.5.1 Registro das operações

2.5.1.1 Contas

A contabilidade utiliza-se de **contas** para controlar as operações de uma empresa. Nas contas, a contabilidade registra todas as transações realizadas no dia a dia da empresa, as quais podem aumentar ou diminuir os saldos de várias contas, alterando a estrutura patrimonial da empresa.

Uma conta pode ser entendida como uma unidade de registro e acumulação dos valores referentes aos fatos que a afetam. Dependendo do grau de detalhamento desejado pela empresa, uma conta pode acumular valores de fatos específicos ou de fatos semelhantes que possam ser agrupados.

Para facilidade de controle, as contas são separadas por sua natureza: ativo, passivo ou patrimônio líquido, e cada uma dessas contas é diferenciada das demais pela sua denominação. No entanto, elementos com características semelhantes podem ser representados em uma mesma conta.

Exemplo: a conta **prêmios a receber** é uma conta do ativo onde constam os valores a receber decorrentes da venda, a prazo, de operações de seguros realizadas pela seguradora.

2.5.1.2 Plano de contas

O plano de contas consiste na organização das contas utilizadas pela empresa para o registro das transações. Dependendo do setor de atuação da empresa, a organização do plano de contas fica a critério de cada empresa, que o elabora de acordo com suas necessidades, sendo o principal objetivo assegurar a uniformidade nos registros dos eventos que ocorrem.

No entanto, as empresas seguradoras dispõem de um plano padronizado definido pela Superintendência de Seguros Privados (Susep) e seguido por todas as empresas seguradoras. Assim, a estruturação e padronização do plano de contas fazem que todas as seguradoras registrem nas mesmas contas as mesmas transações.

De maneira semelhante, o setor financeiro também utiliza um plano de contas que é padronizado pelo Banco Central do Brasil, denominado Plano Contábil das Instituições do Sistema Financeiro Nacional (Cosif). Nesse plano de contas são definidos claramente em quais contas devem ser registrados os eventos que ocorrem no desenvolvimento das atividades de uma instituição financeira.

De maneira geral as contas, no plano de contas, são separadas em quatro ou cinco grandes grupos, sendo que cada grupo é dividido em subgrupos, até que se atinja o nível da conta. Por exemplo:

Grupo – Ativo
Subgrupo – Circulante
Conta: Caixa

Grupo – Passivo
Subgrupo – Passivo não circulante
Conta: Contas a pagar

2.5.1.3 Razonetes

Para fins didáticos, a conta é apresentada em uma forma gráfica denominada **razonete**, onde são anotados apenas os valores de acréscimo ou decréscimo em função dos eventos que vão ocorrendo. Para que se possa entender essa representação gráfica, é apresentado a seguir um modelo simples de algumas contas onde são registrados os fatos que a afetam.

Nome da Conta: Bancos – conta depósitos				Código: 11131	
				\multicolumn{2}{c}{Saldo}
Data	Histórico	Débito	Crédito	D/C	Valor
31/01	Saldo anterior			D	3.000,00
03/02	Recebimento da apólice nº 543	5.000,00		D	8.000,00
07/02	Pagamento ao corretor X		2.000,00	D	6.000,00

Capítulo 2

Nome da Conta: Prêmios a receber				Código: 11311	
				Saldo	
Data	Histórico	Débito	Crédito	D/C	Valor
12/02	Saldo anterior			D	10.000,00
15/02	Emissão de uma apólice de seguro	6.000,00		D	16.000,00

Nome da Conta: Obrigações a pagar				Código: 2111	
				Saldo	
Data	Histórico	Débito	Crédito	D/C	Valor
03/02	Saldo anterior			C	11.000,00
10/02	Pagto. de contas a pagar (NF 753)	4.000,00		C	7.000,00
15/02	Aq. de computador a prazo (NF 354)		5.000,00	C	12.000,00

Pode-se notar que são registrados nas contas vários detalhes dos eventos que as afetam, incluindo data do evento, um histórico descritivo do fato, se o valor é de acréscimo ou decréscimo e o saldo atualizado. O conjunto de todas as contas utilizadas por uma empresa é comumente chamado de **razão**.

O razonete utilizado didaticamente corresponde apenas à parte ressaltada nos registros apresentados e apresenta apenas a parte em que são registrados os valores de acréscimo ou decréscimo da respectiva conta.

Essa representação gráfica é normalmente conhecida como Conta T ou Razonete. A seguir apresenta-se o formato genérico de um razonete para melhor visualização:

2.5.1.4 Mecanismo de débito e crédito

O razonete sempre apresenta, na parte superior, o nome da conta a que se refere. O lado esquerdo corresponde ao lado dos registros dos **débitos** e o lado direito corresponde ao lado do registro dos **créditos**, sendo que essa representação gráfica é imutável, ou seja, o lado do débito é sempre o lado esquerdo e o lado do crédito é sempre o direito, independentemente do tipo de conta que representa.

NOME DA CONTA	
DÉBITOS (lado esquerdo)	CRÉDITOS (lado direito)

Se o total dos débitos for maior que o total dos créditos, a conta tem saldo **devedor**; caso contrário, seu saldo é **credor**.

Convenções de débito e crédito

A convenção adotada na contabilidade para a utilização dos razonetes é a seguinte:

- Contas de **ativo**: têm natureza devedora. Aumentam por lançamentos de débito e diminuem por lançamentos de crédito. Essas contas apresentam, em geral, **saldo devedor** ou **nulo**, ou seja, recebem mais registros de débitos do que registros de créditos. Isso se justifica, pois não pode ocorrer o uso de ativos que não existem, como, por exemplo, se a empresa deposita $ 10.000 em uma conta bancária (registra na conta Bancos um débito), não poderá retirar da conta bancária um valor superior a $ 10.000 e, portanto, o crédito nessa conta não poderá ser superior a esse valor.

- Contas de **passivo**: têm natureza credora. Aumentam por lançamentos de crédito e diminuem por lançamentos de débito. Essas contas apresentam, em geral, **saldo credor** ou **nulo**, ou seja, recebem mais registros de créditos que registros de débitos. Isso se justifica, pois não pode ocorrer o pagamento de passivo que não existe, como, por exemplo, se a empresa faz uma compra a prazo no valor de $ 5.000, registra esse fato com um crédito em contas a pagar. Quando for efetuar o pagamento não irá pagar um valor superior a $ 5.000 e, portanto, o débito nessa conta não poderá ser superior a este valor.

- Contas de **patrimônio líquido**: apresentam os mesmos princípios de registro e funcionamento das contas do passivo.

Ressalte-se que, embora estas sejam as regras gerais, há exceções em que as contas apresentam saldos inversos ao que é normal, ou seja, há algumas contas de ativo que podem apresentar saldos credores, bem como contas de passivo que podem apresentar saldos devedores. Essas contas são normalmente caracterizadas como contas retificadoras de outras contas e, por isso, apresentam saldos invertidos. Também no patrimônio líquido podem ocorrer contas com saldo invertido, como a conta Prejuízos Acumulados.

Os efeitos nos razonetes podem ser resumidos nas representações a seguir:

Contas de ativo

DÉBITOS	CRÉDITOS
Aumentos	Diminuições

Contas de passivo

DÉBITOS	CRÉDITOS
Diminuições	Aumentos

Contas de patrimônio líquido

DÉBITOS	CRÉDITOS
Diminuições	Aumentos

2.5.2 Partidas Dobradas

O Método das Partidas Dobradas implica que, para cada **aplicação**, existe uma **fonte (origem)** correspondente, resultando na igualdade do balanço. Esse procedimento é a base em que se desenvolvem todos os registros em contabilidade, em que **a soma dos valores de débito deve ser igual à soma dos valores de crédito** no registro de todas as operações.

Resumidamente tem-se:

- Um evento **sempre** gera um ou mais lançamentos de débitos *E* de créditos em diversas contas.
- O valor total dos débitos em uma ou mais contas **sempre deve ser igual** ao valor total dos créditos em uma ou mais contas.

2.5.3 Balancete de verificação

O balancete de verificação é um relatório gerencial que lista cada conta do razão com seus respectivos saldos em uma determinada data. A soma do total dos débitos deve ser igual à soma do total dos créditos; caso essa igualdade não ocorra, é necessário verificar os erros incorridos e ajustá-los.

O balancete antecede a preparação dos relatórios finais em contabilidade: balanço patrimonial, demonstração de resultados e outros.

Por exemplo: a Cia. Seguradora apresentava em 31/12/20X0 os seguintes saldos: disponível $ 150.000; provisões técnicas $ 220.000; prêmios a receber $ 280.000; contas a pagar de curto prazo $ 160.000; custos de aquisição diferidos $ 200.000; e capital social $ 250.000.

O balancete de verificação da Cia. Seguradora, nessa data, era:

Cia. Seguradora – Balancete em 31/12/20X0

Contas	Débito	Crédito
Disponível	150.000	
Provisões técnicas		220.000
Prêmios a receber	280.000	
Custos de aquisição diferidos	200.000	
Contas a pagar – curto prazo		160.000
Capital social		250.000
Total	630.000	630.000

2.5.4 Quadro de ajustes

Após a elaboração do balancete, são frequentes alguns lançamentos adicionais, tanto para a correção de lançamentos errados como para os que deixaram de ser efetuados e que deveriam ter sido. Esses ajustes são realizados no **quadro de ajustes** e deverão ser lançados no razão e no livro diário.

Por exemplo: após os trabalhos de auditoria, realizados na Cia. Seguradora, identificou-se que os eventos a seguir não foram registrados pela contabilidade:

1) Pagamento de $ 20.000 referentes às contas a pagar, no dia 15/12/20X0;
2) Recebimento de $ 32.000 referentes a prêmios a receber, no dia 22/12/20X0.

Pede-se:

Elabore o quadro de ajustes demonstrando os lançamentos necessários para ajustar todas as contas.

Capítulo 2

Quadro de ajustes 31/12/20X0						
	Saldo no balancete		Ajustes		Saldo ajustado	
Contas	Débito	Crédito	Débito	Crédito	Débito	Crédito
Disponível	150.000		(2) 32.000	(1) 20.000	162.000	
Prêmios a receber	280.000			(2) 32.000	248.000	
Custos de aquis. dif.	200.000				200.000	
Provisões técnicas		220.000				220.000
Contas a pagar – CP		160.000	(1) 20.000			140.000
Capital social		250.000				250.000
Total	630.000	630.000	52.000	52.000	610.000	610.000

Na elaboração do quadro de ajuste é interessante que as contas sejam agrupadas em Ativo, Passivo e Resultado para facilitar a análise e elaboração das demonstrações.

2.5.5 Livro diário

O livro diário é um documento obrigatório pela legislação em vigor, onde são registradas, com individualização, clareza e caracterização do documento respectivo, todas as operações da empresa, de maneira sequencial por ordem de data. A seguir apresenta-se um exemplo de livro diário.

Os registros no livro diário das duas operações citadas no item anterior e não registradas pela contabilidade seriam:

Data: 15/12/20X0

Débito	Crédito	Histórico	Valor
Contas a pagar	Disponível	Pagamento ao fornecedor XXZ, referente à compra de computadores.	20.000

Data: 22/12/20X0

Débito	Crédito	Histórico	Valor
Disponível	Prêmios a receber	Recebimento do cliente FNH o valor correspondente ao prêmio de seguro contratado.	32.000

DEMONSTRAÇÃO DO RESULTADO

Objetivos de Aprendizagem

- ☑ Analisar a demonstração do resultado.
- ☑ Definir conceitos fundamentais para a apuração do resultado apresentado pela entidade em determinado período, tais como receitas e despesas.
- ☑ Evidenciar a estrutura de apresentação.
- ☑ Reconhecer os eventos econômicos realizados por uma entidade que impactam o seu resultado.

3.1 INTRODUÇÃO

Neste capítulo serão analisados os eventos que causam efeito no patrimônio líquido da empresa, decorrentes do desempenho da sua atividade. À exceção da integralização de capital pelos sócios, no capítulo anterior foram analisados eventos que não causam qualquer efeito no patrimônio líquido, mas provocam impactos somente nas contas dos grupos do ativo e do passivo, caracterizando a troca de um ativo por outro, a obtenção de um ativo com recursos de terceiros, a liquidação de um passivo com a consequente redução do ativo, entre outros.

Alguns eventos que alteram o patrimônio líquido da empresa ao longo do tempo são:

- integralização de capital pelos sócios;
- resultado do desempenho da sua atividade operacional;

- entrada de ativos não provenientes do desempenho da atividade (reservas de capital, por exemplo);
- distribuição de dividendos;
- outros eventos reconhecidos na conta de ajustes de avaliação patrimonial.

Neste capítulo será analisado o componente mais importante na formação do patrimônio líquido, que é o resultado proveniente da atividade da empresa.

3.2 RESULTADO

O termo **resultado** é bastante intuitivo e conduz, de maneira genérica, à ideia de desempenho em alguma atividade. O Comitê de Pronunciamentos Contábeis (CPC) apresenta em seu Pronunciamento Conceitual Básico (R1), no item OB16, as seguintes considerações sobre o desempenho da empresa:

> Informações sobre a performance financeira da entidade que reporta a informação auxiliam os usuários a compreender o retorno que a entidade tenha produzido sobre os seus recursos econômicos. [...] Informações sobre a variabilidade e sobre os componentes desse retorno também são importantes, especialmente para avaliação das incertezas associadas a fluxos de caixa futuros. Informações sobre a performance financeira passada da entidade que reporta a informação e sobre o quão diligente a administração tem sido no desempenho de suas responsabilidades são do mesmo modo úteis para predição de retornos futuros da entidade sobre os seus recursos econômicos.

Na contabilidade, o termo **resultado** assume a mesma conotação de medida de desempenho e corresponde à mensuração do aumento ou diminuição do patrimônio líquido da entidade, caracterizando-se pela confrontação das receitas obtidas pela empresa no desempenho de sua atividade com as despesas incorridas para obtê-las. Assim, de modo bastante simples, o resultado pode ser representado matematicamente pela seguinte relação matemática:

$$\text{Resultado} = \text{Receitas} - \text{Despesas}$$

Se o total de receitas for superior ao total de despesas necessárias para obtê-las, diz-se que o resultado é positivo e recebe a denominação de **lucro líquido**. Na situação inversa, em que as despesas são superiores às receitas, esse resultado recebe a denominação de **prejuízo**.

Assim, para a determinação do resultado, é necessária a identificação das receitas e despesas incorridas. Para isso, é necessário definir de maneira objetiva quando um evento se caracteriza como receita (gerando acréscimo de patrimônio líquido) e quando se caracteriza como despesa (gerando diminuição do patrimônio líquido), pois, embora a percepção de receita e despesa possa ser bastante intuitiva, as suas caracterizações na contabilidade diferenciam-se, em muitos casos, do conceito popular. Por exemplo, é comum na linguagem popular dizer que se incorre em despesa quando se adquire um contrato de seguro ou um imobilizado. Esse fato, contudo, não caracteriza uma despesa segundo os conceitos adotados na contabilidade, mas apenas a troca de um ativo (dinheiro) por outro ativo (seguro ou imobilizado).

Dessa forma, os termos **receita** e **despesa** são caracterizados a seguir e explicados mais detalhadamente por meio de exemplos.

3.2.1 Conceito de receita

O Pronunciamento Conceitual Básico (R1) do Comitê de Pronunciamentos Contábeis (CPC) apresenta, no item 4.25, letra a, a seguinte definição de receita:

> Receitas são aumentos nos benefícios econômicos durante o período contábil, sob a forma de entrada de recursos ou do aumento de ativos ou diminuição de passivos, que resultam em aumentos do patrimônio líquido, e que não estejam relacionados com a contribuição dos detentores dos instrumentos patrimoniais.

Assim, uma receita pode ser caracterizada como entrada de um ativo ou redução de um passivo para a empresa, que seja proveniente de uma atividade, rotineira ou não, exercida por ela e que aumenta seu patrimônio líquido. Um ponto que merece destaque é que, para haver a caracterização da receita, a empresa não pode assumir nenhuma obrigação futura em consequência do ativo recebido ou da redução do passivo ocorrida.

Quando o CPC dispõe que "resultam em aumentos do patrimônio líquido e que não estejam relacionados com a contribuição dos detentores dos instrumentos patrimoniais", significa que o patrimônio líquido também pode ser aumentado em função de aumento de capital, que são recursos provenientes dos sócios.

De acordo com o Pronunciamento Conceitual Básico (R1) CPC 00, item 4.47,

> A receita deve ser reconhecida na demonstração do resultado quando resultar em aumento nos benefícios econômicos futuros relacionado com aumento de ativo ou com diminuição de passivo, e puder ser mensurado com confiabilidade. Isso significa, na prática, que o reconhecimento da receita ocorre simultaneamente com o reconhecimento do aumento nos ativos ou da diminuição nos passivos.

As receitas são provenientes, em geral, da venda de produtos, da prestação de serviços, da venda esporádica de ativos, de acréscimos por remuneração de aplicações financeiras ou por redução de dívidas existentes. Para um melhor entendimento desse conceito, vamos analisar alguns eventos e observar as suas características:

Capítulo 3

- **Venda de produtos à vista**: quando ocorre a venda de produtos à vista, há a entrada de um ativo para a empresa (caixa ou depósito bancário). Esse ativo gera um acréscimo no patrimônio líquido, uma vez que não há qualquer obrigação futura para a empresa, pois é feita a transferência da propriedade do produto no momento em que a venda se concretiza. Assim, tem-se reconhecida a receita que é denominada "receita de venda".
- **Prestação de serviços à vista**: quando ocorre a prestação de serviços à vista, há a entrada de um ativo para a empresa (caixa ou depósito bancário). Esse ativo gera um acréscimo no patrimônio líquido, uma vez que não há qualquer obrigação futura para a empresa, pois o serviço foi prestado no momento do recebimento. Assim, tem-se reconhecida a receita que é denominada "receita de serviços".
- **Venda de produtos a prazo**: quando ocorre a venda de produtos a prazo, há a entrada de um ativo para a empresa (duplicatas a receber de clientes). Esse evento gera um acréscimo no patrimônio líquido, uma vez que não gera qualquer obrigação futura para a empresa, pois também é feita a transferência da propriedade do produto no momento em que a venda se concretiza. Tem-se, também aqui, reconhecida uma "receita de venda".
- **Prestação de serviços a prazo**: quando ocorre a prestação de serviços a prazo, há a entrada de um ativo para a empresa (duplicatas a receber de clientes). Esse evento gera um acréscimo no patrimônio líquido, uma vez que não há qualquer obrigação futura para a empresa, pois o serviço foi prestado no momento da contratação. Assim, tem-se reconhecida a receita que é denominada "receita de serviços".
- **Juros sobre aplicações financeiras**: os juros gerados por uma aplicação financeira caracterizam a entrada de um ativo para a empresa (caixa, aplicações financeiras ou juros a receber). Esse evento não gera qualquer obrigação futura para a empresa, pois o recurso (excedente de caixa) estava à disposição da instituição financeira desde o início da aplicação. Assim, tem-se reconhecida uma receita que é comumente denominada "receita de juros" ou "receita financeira".
- **Liquidação de uma dívida com desconto**: quando ocorre a liquidação de uma dívida de curto prazo e a empresa obtém um desconto, houve a liquidação de uma obrigação com a entrega de um montante menor de recursos (ativos). Esse desconto obtido também se caracteriza como uma receita (aumento de patrimônio líquido) que é comumente enquadrada na categoria das receitas financeiras.

Pode-se perceber nos exemplos anteriores que a caracterização da receita ocorre no momento em que um ativo é gerado para a empresa como decorrência de um evento que faça parte das suas atividades, causando aumento no patrimônio líquido e não implicando em obrigação futura (que caracterizaria um passivo para a empresa). Pode também ser caracterizada pela redução de um passivo quando implicar em acréscimo de patrimônio líquido.

Demonstração do resultado

Nesse sentido, receita é reconhecida quando:

1. É ganha

A empresa não pode reconhecer a receita até que tenha produzido e entregue os bens ou serviços para os clientes e tenha o direito ao ativo que foi criado ou tenha liquidado a sua obrigação com o cliente.

2. É realizada ou realizável, ou seja, foi recebida ou será recebida

O benefício econômico futuro associado ao ativo entregue foi realizado (recebido) ou provavelmente será recebido no futuro (realizável). Se não é provável que o benefício econômico futuro será recebido, a empresa não pode reconhecer a receita até que essa questão seja resolvida.

Há algumas exceções, para atividades específicas, em que é aceita a caracterização da receita em função da valorização do ativo no tempo. Como exemplos, é possível citar a produção de vinho e reservas florestais, entre outros, que exigem um longo tempo de maturação do produto para que possa ser vendido e aceito pelo mercado consumidor. Nesse caso, é aceitável que a receita seja reconhecida em função do aumento do valor do estoque pela maturação do produto, mesmo não tendo havido a venda e transferência para o comprador. No entanto, o reconhecimento da receita deve ser feito quando resultar em um aumento que possa ser determinado em *bases confiáveis*, nos benefícios econômicos futuros provenientes do aumento de um ativo ou da diminuição de um passivo. Essas exceções são aceitas apenas em casos específicos e quando bem definidas e justificadas as características do produto.

Você sabia?

A principal receita de uma seguradora é a receita de prêmios e a segunda maior é a receita financeira.

A receita de prêmios cobrada para garantir a cobertura de seguros é disparadamente a principal receita. Como há muita aplicação financeira envolvida nas operações, estas geram receitas financeiras, as quais são elevadas em função das altas taxas de juros da economia brasileira.

3.2.2 Conceito de despesa

O Pronunciamento Conceitual Básico (R1) do Comitê de Pronunciamentos Contábeis (CPC) apresenta, no item 4.25, letra b, a seguinte definição de despesa:

Despesas são decréscimos nos benefícios econômicos durante o período contábil, sob a forma de saída de recursos ou da redução de ativos ou assunção de passivos, que resultam em decréscimo do patrimônio líquido, e que não estejam relacionados com distribuições aos detentores dos instrumentos patrimoniais.

De acordo com o Pronunciamento Conceitual Básico (R1) CPC 00, item 4.49,

> As despesas devem ser reconhecidas na demonstração do resultado quando resultarem em decréscimo nos benefícios econômicos futuros, relacionado com o decréscimo de um ativo ou o aumento de um passivo, e puder ser mensurado com confiabilidade. Isso significa, na prática, que o reconhecimento da despesa ocorre simultaneamente com o reconhecimento de aumento nos passivos ou de diminuição nos ativos.

Nesse sentido, despesa pode ser entendida como o **custo do uso** ou o **custo de bens ou serviços consumidos** nas atividades da empresa visando à obtenção de receita. Em outras palavras, pode-se dizer que despesas são sacrifícios de benefícios econômicos e devem ser reconhecidas quando surge um decréscimo nos futuros benefícios econômicos provenientes da diminuição do ativo ou do aumento de passivo e que possa ser determinado em *bases confiáveis*.

Para um melhor entendimento desse conceito, vamos analisar alguns eventos e observar as suas características:

- **Salários dos empregados**: os salários dos funcionários de uma empresa em um determinado mês de trabalho caracterizam uma despesa incorrida nesse mesmo mês, pois correspondem ao custo que a empresa teve para fazer uso dos serviços dos funcionários e representam ou representarão um sacrifício econômico para a empresa. O uso dos serviços dos funcionários tem por objetivo possibilitar à empresa o seu funcionamento, a produção de bens ou serviços e a geração de receita, não importando se o salário é pago no próprio mês de trabalho ou em outra data qualquer.
- **Aluguel de um imóvel**: o valor do aluguel de um imóvel utilizado pela empresa em um determinado mês caracteriza uma despesa incorrida nesse mesmo mês, pois corresponde ao custo que a empresa teve para fazer uso do imóvel e representa ou representará um sacrifício econômico para a empresa. O uso desse imóvel tem por objetivo possibilitar à empresa o seu funcionamento, a produção de bens ou serviços e a geração de receita, não importando se o aluguel é pago no próprio mês de utilização ou em outra data qualquer.
- **Serviços de terceiros**: o valor correspondente aos serviços prestados por terceiros para a empresa em um determinado mês caracteriza uma despesa incorrida nesse mesmo mês, pois corresponde ao custo que a empresa teve para utilizar-se desses serviços no período e, também, representa ou representará um sacrifício econômico para a empresa. O uso desses serviços tem por objetivo

auxiliar a empresa para a produção de bens ou serviços e geração de receita. Não importa se os serviços são pagos no próprio período de utilização ou em outra data qualquer.

Você sabia?

A principal despesa de uma seguradora é a despesa com indenizações provenientes de sinistros.

Essas despesas, dependendo do ramo de seguro, podem chegar a 80% dos prêmios. Em média, metade da receita que a seguradora reconhece de prêmios é destinada ao pagamento de sinistros.

3.2.3 Reconhecimento de receitas e despesas

O confronto entre receitas e despesas, conforme dito anteriormente, representa o resultado da empresa (lucro ou prejuízo) e mede o desempenho obtido pela entidade em determinado período de tempo. Assim, é importante caracterizar o momento de reconhecimento das receitas e das despesas e, para entender essas características, vamos supor a seguinte situação:

Uma empresa presta os mesmos serviços para um cliente todos os meses e cobra o valor mensal de $ 10.000. Para a prestação desses serviços utiliza os serviços dos seus funcionários, cujos salários são de $ 3.000 por mês.

No mês de outubro o serviço foi prestado normalmente, mas o cliente efetuou o pagamento somente no mês de novembro. Os salários dos funcionários, contudo, foram pagos pela empresa no próprio mês de outubro. Numa visão bem simplista da situação, poderíamos avaliar que o resultado do mês de outubro da empresa foi negativo em $ 3.000, pois não "entrou" nenhum recurso para a empresa, mas ocorreu o pagamento de $ 3.000 para os funcionários ("saída" de recursos).

Em novembro, o mesmo serviço foi prestado, e também será pago pelo cliente no mês seguinte (dezembro), mas os serviços de outubro foram recebidos pela empresa ($ 10.000). Com relação aos salários dos funcionários, a empresa combinou o pagamento apenas para o mês seguinte, em função do prazo que a empresa leva para receber dos clientes. Assim, os salários de novembro foram pagos apenas em dezembro. Novamente, numa visão simplista, avaliaríamos que, em novembro, a empresa teve um resultado positivo de $ 10.000, pois recebeu $ 10.000 relativos ao serviço prestado em outubro e não pagou os salários do mês de novembro aos funcionários.

Em dezembro, o mesmo serviço foi prestado e o cliente concordou em pagar o valor correspondente no próprio mês e, portanto, a empresa recebeu $ 20.000 ($ 10.000 do serviço prestado em novembro e $ 10.000 correspondentes ao serviço do próprio

Capítulo 3

mês). Em função de o cliente ter efetuado o pagamento à vista, a empresa decidiu pagar os seus funcionários também dentro do próprio mês. Dessa forma, a empresa pagou $ 6.000 ($ 3.000 relativos aos salários de novembro e $ 3.000 aos de dezembro). O resultado de dezembro seria, então, positivo em $ 14.000, pois a empresa recebeu $ 20.000 e pagou $ 6.000.

Resumindo a situação dos 3 meses dessa empresa, teríamos o seguinte:

	Outubro	Novembro	Dezembro
Receitas	–	10.000	20.000
(–) Despesas	(3.000)	–	(6.000)
(=) Resultado	(3.000)	10.000	14.000

A análise desses números poderia nos induzir à conclusão de que essa empresa está crescendo a passos largos, pois começou com prejuízo, depois passou para lucro e, com mais um mês, o lucro aumentou mais ainda. Será que isso é verdade? Faz sentido concluir que essa empresa está crescendo?

A resposta correta é "depende", pois existem duas perspectivas de se analisar essa empresa: do ponto de vista financeiro e do ponto de vista econômico.

Financeiramente, é óbvio que a empresa está numa situação melhor, afinal começou com o "caixa" negativo e depois o transformou em positivo. Mas isso não significa que a empresa tem a tendência de crescimento do saldo, pois o caixa é muito suscetível a mudanças de prazos de recebimentos e pagamentos. Também não podemos concluir que a empresa está expandindo suas atividades, pois, como sabemos, ela vem prestando os mesmos serviços todo mês e com os mesmos funcionários.

Assim, se o resultado deveria representar o desempenho econômico da empresa, há, aparentemente, uma incoerência. Sabemos que a empresa está "estável", mas verificamos um crescimento acentuado do resultado.

A explicação para essa incoerência está na análise do momento de reconhecimento das receitas e despesas. Para uma adequada avaliação do desempenho econômico de uma empresa, as receitas e despesas devem ser reconhecidas de acordo com o seu fato gerador e as despesas devem ser "casadas" com as receitas correspondentes, uma vez que tais despesas representam sacrifícios para a geração dessas receitas. Pensando dessa maneira, percebemos que o resultado da empresa nos três meses seria $ 7.000 (receitas mensais de $ 10.000 menos despesas mensais de $ 3.000), pois a empresa prestou serviços de $ 10.000 todos os meses e, para tal, necessitou do esforço dos seus funcionários, que custou $ 3.000 todos os meses.

Para auxiliar no entendimento dos conceitos de receita e despesa apresentados, são analisados a seguir, por meio de exemplos, diversos eventos para que se faça a identificação dos seus efeitos na empresa:

3.2.4 Exemplo sobre receitas e despesas

A empresa Corretora S.A. atua no setor de prestação de serviços relacionados à venda de seguros e apresentava em 31/12/20X0 a seguinte situação patrimonial:

Corretora S.A. Balanço Patrimonial em 31/12/20X0			
			(valores em R$)
ATIVO		**PASSIVO e PL**	
Ativo circulante	60.000	*Passivo circulante*	10.000
Depósitos bancários	60.000	Contas a pagar	10.000
Ativo não circulante	50.000	*Patrimônio líquido (PL)*	100.000
Imobilizado	50.000	Capital	100.000
Total do ativo	**110.000**	**Total do passivo + PL**	**110.000**

Os eventos que ocorreram durante o mês de janeiro de 20X1 são apresentados e analisados a seguir:

Primeiro evento: Em 2/1/20X1 a empresa obteve um empréstimo no valor de $ 30.000, para ser pago dentro de 60 dias. A taxa de juros contratada foi de 2% a.m. (juros compostos).

Análise do evento: a obtenção de um empréstimo gera para a empresa a entrada de um ativo (Depósitos bancários), mas não se caracteriza como receita porque gera um passivo para a mesma (a obrigação de pagar o empréstimo no futuro).

A dívida relativa aos juros decorrentes do empréstimo não é registrada neste momento porque os juros representam o custo do dinheiro no tempo. Se o tempo ainda não passou (estamos na data da obtenção do empréstimo), não há a ocorrência de custo. Em outras palavras, se a empresa, nesse mesmo dia, desistisse da obtenção do empréstimo, o banco não cobraria os juros relativos aos 60 dias, uma vez que a empresa não permaneceu esse tempo com tais recursos.

Ao final desse exemplo, voltaremos a tratar dessa questão de reconhecimento dos juros.

Efeito no balanço patrimonial: ocorre um aumento no ativo (Depósitos bancários) e simultaneamente um aumento no passivo (Empréstimos bancários).

Capítulo 3

O balanço patrimonial da empresa, após o primeiro evento, apresentaria a situação a seguir, em que as contas destacadas em negrito foram as que sofreram alteração em função do evento.

Corretora S.A.
Balanço Patrimonial em 2/1/20X1

(valores em R$)

ATIVO		PASSIVO e PL	
Ativo circulante	90.000	*Passivo circulante*	40.000
Depósitos bancários	**90.000**	Contas a pagar	10.000
		Empréstimos bancários	30.000
Ativo não circulante	50.000	*Patrimônio líquido (PL)*	100.000
Imobilizado	50.000	Capital	100.000
Total do ativo	**140.000**	**Total do passivo + PL**	**140.000**

Segundo evento: Em 10/1/20X1 foi efetuado o pagamento de $ 5.000 do total de contas a pagar.

Análise do evento: o pagamento de uma dívida causa para a empresa uma redução de ativo (Depósitos bancários) e uma redução de passivo (Contas a pagar). Não há a caracterização de despesa porque não ocorre redução no patrimônio líquido e o pagamento não correspondeu ao uso ou consumo de um bem ou serviço no período, mas apenas a entrega de um recurso que havia sido "consumido" ou "comprometido" em período anterior.

Efeito no balanço patrimonial: ocorre uma diminuição no ativo (Depósitos bancários) e simultaneamente uma redução no passivo (Contas a pagar).

O balanço patrimonial da empresa, após o segundo evento, apresentaria a seguinte situação:

Corretora S.A.
Balanço Patrimonial em 10/1/20X1

(valores em R$)

ATIVO		PASSIVO e PL	
Ativo circulante	85.000	*Passivo circulante*	35.000
Depósitos bancários	**85.000**	**Contas a pagar**	**5.000**
		Empréstimos bancários	30.000
Ativo não circulante	50.000	*Patrimônio líquido (PL)*	100.000
Imobilizado	50.000	Capital	100.000
Total do ativo	**135.000**	**Total do passivo + PL**	**135.000**

Demonstração do resultado

Terceiro evento: Em 14/1/20X1 a empresa prestou serviços para seus clientes no valor total de $ 6.000, cujo valor foi recebido após 10 dias. Para a execução desses serviços a empresa pagou comissão de $ 1.000.

Análise do evento: o evento gera para a empresa a entrada de um ativo (direito a receber) que é proveniente do desempenho da sua atividade (prestação de serviços). Como não há qualquer obrigação a ser cumprida (o serviço já foi prestado), o evento caracteriza uma receita, pois ocasiona um acréscimo no patrimônio líquido. Para a obtenção dessa receita, a empresa "consumiu" parte de seus bens (depósitos bancários), caracterizando uma despesa (valor do sacrifício em que a empresa incorreu com o objetivo de geração de sua receita).

Efeito no balanço patrimonial: ocorre um aumento no ativo (Duplicatas a receber) que se reflete em um acréscimo no patrimônio líquido (Receita de serviços); por sua vez, ocorre uma redução em outro ativo (Depósitos bancários) que se reflete em uma redução no patrimônio líquido (Despesas com comissões). Como o acréscimo no ativo (Duplicatas a receber) foi superior à redução no ativo (Depósitos bancários), ocorreu um aumento no patrimônio líquido em função do evento ocorrido.

O balanço patrimonial da empresa, após o terceiro evento, apresentaria a seguinte situação:

Corretora S.A.
Balanço Patrimonial em 14/1/20X1

(valores em R$)

ATIVO		PASSIVO e PL	
Ativo circulante	90.000	*Passivo circulante*	35.000
Depósitos bancários	84.000	Contas a pagar	5.000
Duplicatas a receber	6.000	Empréstimos bancários	30.000
		Patrimônio líquido (PL)	105.000
		Capital	100.000
Ativo não circulante	50.000	(+) Receita de serviços	6.000
Imobilizado	50.000	(–) Despesas com comissões	(1.000)
Total do ativo	**140.000**	**Total do passivo + PL**	**140.000**

Quarto evento: Em 24/1/20X1 a empresa recebeu o valor correspondente aos serviços que havia prestado em 14/1/20X1.

Capítulo 3

Análise do evento: o recebimento de um direito que estava a receber causa para a empresa um acréscimo de ativo (Depósitos bancários), mas não se caracteriza como receita, pois ocorre redução de outro ativo (Duplicatas a receber) e não há acréscimo no patrimônio líquido.

Efeito no balanço patrimonial: ocorre um acréscimo em um ativo (Depósitos bancários) e simultaneamente uma redução em outro ativo (Duplicatas a receber).

O balanço patrimonial da empresa, após o quarto evento, apresentaria a seguinte situação:

Corretora S.A.			
Balanço Patrimonial em 24/1/20X1			
			(valores em R$)
ATIVO		**PASSIVO e PL**	
Ativo circulante	90.000	*Passivo circulante*	35.000
Depósitos bancários	90.000	Contas a pagar	5.000
Duplicatas a receber	–	Empréstimos bancários	30.000
		Patrimônio líquido (PL)	105.000
		Capital	100.000
Ativo não circulante	50.000	(+) Receita de serviços	6.000
Imobilizado	50.000	(–) Despesas com comissões	(1.000)
Total do ativo	**140.000**	**Total do passivo + PL**	**140.000**

Quinto evento: Em 30/1/20X1 a empresa pagou o aluguel do prédio onde está instalada no valor de $ 1.000.

Análise do evento: o evento caracteriza o uso de um bem (imóvel), que tem como objetivo permitir o funcionamento da empresa para desempenhar suas atividades. Assim, de maneira indireta, esse uso contribui para a obtenção de receitas pela empresa, caracterizando uma despesa. O custo do uso do imóvel corresponde ao valor do aluguel contratado e representa sacrifícios incorridos com a finalidade de gerar receitas. Assim, temos uma redução de ativo (Depósitos bancários) que se reflete em uma redução no patrimônio líquido.

Efeito no balanço patrimonial: ocorre uma diminuição no ativo (Depósitos bancários) e simultaneamente uma redução no patrimônio líquido.

Demonstração do resultado

O balanço patrimonial da empresa, após o quinto evento, apresentaria a seguinte situação:

Corretora S.A.
Balanço Patrimonial em 30/1/20X1

(valores em R$)

ATIVO		PASSIVO e PL	
Ativo circulante	89.000	*Passivo circulante*	35.000
Depósitos bancários	89.000	Contas a pagar	5.000
		Empréstimos bancários	30.000
		Patrimônio líquido (PL)	104.000
		Capital	100.000
Ativo não circulante	50.000	(+) Receita de serviços	6.000
Imobilizado	50.000	(−) Despesas com comissões	(1.000)
		(−) **Despesas com aluguéis**	**(1.000)**
Total do ativo	**139.000**	**Total do passivo + PL**	**139.000**

Sexto evento: Análise do empréstimo obtido em 2/1/20X1.

Análise do evento: o empréstimo que foi obtido em 2/1/20X1 ($ 30.000) tem o seu valor alterado em função da passagem do tempo. Assim, em 31/1/20X1, o saldo a pagar pela empresa estará acrescido dos juros contratados (2% a.m.), que totaliza $ 600. Esse acréscimo corresponde ao custo que a empresa teve por "utilizar" os recursos de terceiros até essa data e, como esse custo tem por objetivo financiar as atividades da empresa e, de maneira indireta, possibilitar a obtenção de receitas, caracteriza-se como uma despesa. Temos, então, um acréscimo no passivo (Empréstimos bancários) que se reflete em uma redução no patrimônio líquido.

Os juros representam o custo pelo uso do dinheiro no tempo e, portanto, a dívida relativa a tais juros ocorre somente com a passagem do tempo. Os acréscimos correspondentes a esses juros ocorrem de maneira contínua todos os dias e, em princípio, o registro deveria ocorrer também diariamente. Do ponto de vista prático, contudo, o registro diário somente se justifica se a informação for relevante para as decisões tomadas na empresa, mas, caso não haja essa importância, o registro ocorre apenas em períodos maiores, como no caso desse exercício em que o reconhecimento ocorreu apenas no final do período (mês).

Capítulo 3

Efeito no balanço patrimonial: ocorre um acréscimo no passivo (Empréstimos bancários) e simultaneamente uma redução no patrimônio líquido.

O balanço patrimonial da empresa, após o sexto evento, apresentaria a seguinte situação:

Corretora S.A.
Balanço Patrimonial em 31/1/20X1

(valores em R$)

ATIVO		PASSIVO e PL	
Ativo circulante	89.000	*Passivo circulante*	35.600
Depósitos bancários	89.000	Contas a pagar	5.000
		Empréstimos bancários	30.600
		Patrimônio líquido (PL)	103.400
		Capital	100.000
Ativo não circulante	50.000	(+) Receita de serviços	6.000
Imobilizado	50.000	(–) Despesas com comissões	(1.000)
		(–) Despesas com aluguéis	(1.000)
		(–) Despesas financeiras	(600)
Total do ativo	**139.000**	**Total do passivo + PL**	**139.000**

3.3 DEMONSTRAÇÃO DO RESULTADO

Analisando os eventos apresentados no item 3.2, verifica-se que as receitas e despesas têm seus efeitos refletidos no patrimônio líquido da empresa, sendo que as receitas o aumentam, enquanto as despesas causam a sua diminuição. Se o total de receitas for superior ao total de despesas, o efeito será um acréscimo de patrimônio líquido caracterizado pela ocorrência de lucro no período; na situação inversa, em que as despesas são superiores às receitas, o efeito será uma diminuição de patrimônio líquido caracterizada pela ocorrência de prejuízo no período.

A demonstração analítica desse efeito (aumento ou diminuição do patrimônio líquido) é de extrema importância para que se possa analisar o desempenho da empresa ao longo do tempo e extrair conclusões úteis para a tomada de decisão. Com relação a isso, o Pronunciamento Conceitual Básico (R1) do Comitê de Pronunciamentos Contábeis (CPC) apresenta, no item 4.27, o seguinte comentário:

As receitas e despesas podem ser apresentadas na demonstração do resultado de diferentes maneiras, de modo a serem prestadas informações relevantes para a tomada de decisões econômicas. Por exemplo, é prática comum distinguir os itens de receitas e despesas que surgem no curso das atividades usuais da entidade daqueles que não surgem. Essa distinção é feita considerando que a origem de um item é relevante para a avaliação da capacidade que a entidade tem de gerar caixa ou equivalentes de caixa no futuro.

Assim, embora os efeitos das receitas e despesas se reflitam no patrimônio líquido da empresa, a demonstração desses itens é feita em relatório à parte, que recebe a denominação **Demonstração do Resultado do Exercício (DRE)**. Dessa forma, todas as contas de receitas e despesas apresentadas dentro do patrimônio líquido no item anterior são apresentadas separadamente nesse relatório. O resultado final obtido na demonstração do resultado é incorporado ao patrimônio líquido, possibilitando assim refletir no balanço patrimonial os efeitos do desempenho da empresa em um determinado período.

O exemplo a seguir mostra o destaque das contas de receitas e despesas na demonstração do resultado do período e a sua posterior incorporação ao patrimônio líquido na conta Lucros Acumulados.[1]

---

[1] Embora esta conta tenha natureza transitória, apresentando saldo no balanço patrimonial apenas quando for prejuízo acumulado, a utilizaremos para melhor compreensão do processo de incorporação do resultado ao patrimônio líquido.

Capítulo 3

Corretora S.A.
Balanço Patrimonial em 31/1/20X1

(valores em R$)

ATIVO		PASSIVO e PL	
Ativo circulante	**89.000**	*Passivo circulante*	**35.600**
Depósitos bancários	89.000	Contas a pagar	5.000
		Empréstimos bancários	30.600
		Patrimônio líquido (PL)	**103.400**
		Capital	100.000
Ativo não circulante	**50.000**	(+) Receita de serviços	6.000
		(−) Despesas com comissões	(1.000)
Imobilizado	50.000	(−) Despesa com aluguel	(1.000)
		(−) Despesas financeiras	(600)
Total do ativo	**139.000**	**Total do passivo + PL**	**139.000**

Corretora S.A.
Demonstração do Resultado – 1/1/20X1 a 31/1/20X1

(valores em R$)

Receita de serviços	6.000
(−) Despesas com comissões	(1.000)
(−) Despesa de aluguel	(1.000)
(−) Despesas financeiras	(600)
(=) Resultado do Período	3.400

Corretora S.A.
Balanço Patrimonial em 31/1/20X1

(valores em R$)

ATIVO		PASSIVO e PL	
Ativo circulante	**89.000**	*Passivo circulante*	**35.600**
Depósitos bancários	89.000	Contas a pagar	5.000
		Empréstimos bancários	30.600
		Patrimônio líquido (PL)	**103.400**
		Capital	100.000
Ativo não circulante	**50.000**		
Imobilizado	50.000	Lucros acumulados	3.400
Total do ativo	**139.000**	**Total do passivo + PL**	**139.000**

3.4 CONTABILIZAÇÃO DAS RECEITAS E DESPESAS

No capítulo anterior foi comentado que a convenção utilizada para os eventos que afetam o patrimônio líquido é a seguinte:

- os acréscimos de patrimônio líquido são registrados com lançamentos de crédito; e
- as diminuições de patrimônio líquido são registradas com lançamentos de débito na conta correspondente.

Como as receitas são caracterizadas por eventos que causam aumento no patrimônio líquido da empresa, devem ser registradas com **lançamento de crédito nas contas de receitas**; por sua vez, as despesas são caracterizadas por eventos que causam diminuição no patrimônio líquido da empresa e, portanto, devem ser registradas com **lançamento de débito nas contas de despesas**. Dessa forma, ao longo do período as receitas são acumuladas nas contas correspondentes por lançamentos de créditos, enquanto as despesas são acumuladas nas contas correspondentes por lançamentos de débitos.

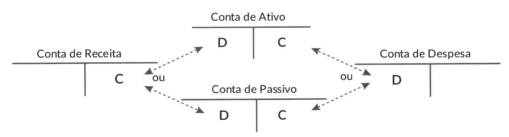

Figura 3.1 Esquema de contabilização de receitas e despesas.

3.4.1 Apuração do resultado do período

No final de cada período analisado, os saldos das contas de receitas e despesas são transferidos para uma única conta, com o objetivo de apurar o resultado obtido pela empresa no desempenho de sua atividade neste período. Essa conta única utilizada para apurar o resultado do período é tradicionalmente denominada **Apuração de resultado**. Assim, no final do período são registrados os seguintes lançamentos para transferir os saldos das contas de receitas e despesas para a conta utilizada para apuração do resultado:

- Débito nas contas de receitas em contrapartida de créditos na conta de apuração do resultado.
- Crédito nas contas de despesas em contrapartida de débito na conta de apuração do resultado.

Capítulo 3

Dessa forma, após a transferência de todos os saldos das contas de receitas e despesas para a conta de apuração do resultado, as contas individuais de receitas e despesas estarão com saldo nulo e preparadas para que se inicie a acumulação das receitas e despesas do período seguinte.

Esse processo de transferência dos saldos das contas de receitas e despesas para a conta de apuração do resultado é denominado, na contabilidade, **encerramento das contas de receitas e despesas**.

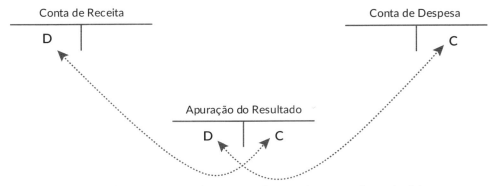

Figura 3.2 Esquema de encerramento de receitas e despesas (apuração do resultado).

Após a transferência dos saldos de todas as contas de receitas e despesas (inclusive contas de despesas com impostos), a conta de apuração do resultado apresentará um saldo que corresponderá ao resultado do período. Se o total dos créditos for superior ao total dos débitos, a conta terá saldo credor e significará que a empresa obteve lucro no período. Numa situação inversa em que os saldos credores sejam inferiores aos saldos devedores, a conta terá saldo devedor e significará que a empresa obteve um prejuízo no período.

3.4.2 Transferência para a conta Lucros Acumulados

O resultado apurado no final do período deve ser transferido para o patrimônio líquido para a conta denominada **Lucros (ou Prejuízos) Acumulados**. Essa transferência é efetuada com o lançamento na conta de apuração do resultado em contrapartida da conta do patrimônio líquido. Caso a conta tenha saldo credor, debita-se a conta de apuração do resultado e credita-se a conta Lucros (ou Prejuízos) Acumulados. Caso a conta tenha saldo devedor, credita-se a conta de apuração do resultado e debita-se a conta Lucros (ou Prejuízos) Acumulados.

Dessa forma, após a transferência do saldo da conta de apuração do resultado, esta apresentará saldo nulo e estará preparada para a apuração do resultado do período seguinte. Percebe-se, assim, que essa conta de apuração do resultado é transitória e apresentará saldo apenas durante o processo de apuração do resultado do período e, após o seu encerramento, o resultado do período estará incorporado ao patrimônio líquido na conta **Lucros (ou Prejuízos) Acumulados**.

3.5 EXEMPLO DE CONTABILIZAÇÃO DE RECEITAS E DESPESAS

O exemplo apresentado no item 3.2 será desenvolvido aqui fazendo-se a contabilização de cada evento nos razonetes correspondentes. Ao final do período o resultado será apurado e o mesmo será transferido para a conta do patrimônio líquido.

Situação inicial: A empresa **Corretora S.A.** atua no setor de prestação de serviços relacionados à venda de seguros e apresentava em 31/12/20X0 a seguinte situação patrimonial.

Ativo		Passivo + PL	
Depósitos bancários		Contas a pagar	
60.000			10.000
Imobilizado		Capital social	
50.000			100.000

Primeiro evento: Em 2/1/20X1 a empresa obteve um empréstimo no valor de $ 30.000, para ser pago dentro de 60 dias. A taxa de juros contratada é de 2% a.m.

Efeito no balanço patrimonial: ocorre um aumento no ativo (Depósitos bancários) e simultaneamente um aumento no passivo (Empréstimos bancários).

Ativo		Passivo + PL	
Depósitos bancários		Contas a pagar	
60.000			10.000
(1) 30.000			
Imobilizado		Empréstimos bancários	
50.000			30.000 (1)
		Capital social	
			100.000

Capítulo 3

Segundo evento: Em 10/1/20X1 foi efetuado o pagamento de $ 5.000 do total de contas a pagar.

Efeito no balanço patrimonial: ocorre uma diminuição no ativo (Depósitos bancários) e simultaneamente uma redução no passivo (Contas a pagar).

Ativo			Passivo + PL		
Depósitos bancários			**Contas a pagar**		
60.000	5.000	(2)	(2) 5.000	10.000	
(1) 30.000					
Imobilizado			**Empréstimos bancários**		
50.000				30.000	(1)
			Capital social		
				100.000	

Terceiro evento: Em 14/1/20X1 a empresa prestou serviços no valor total de $ 6.000 para diversos clientes cujo valor será recebido após 10 dias. Para a execução desses serviços a empresa pagou comissões no valor de $ 1.000.

Efeito no balanço patrimonial: ocorre um aumento no ativo (Duplicatas a receber) que se caracteriza como receita (***Receita de serviços***); por sua vez, ocorre uma redução em outro ativo (Depósitos bancários) que se caracteriza como uma despesa (***Despesa com comissões***).

Ativo			Passivo + PL		
Depósitos bancários			**Contas a pagar**		
60.000	5.000	(2)	(2) 5.000	10.000	
(1) 30.000	1.000	(3a)			
Duplicatas a receber			**Empréstimos bancários**		
(3) 6.000				30.000	(1)
Imobilizado			**Capital social**		
50.000				100.000	

Contas de resultado

Receita de serviços		Despesa com comissões
	6.000 (3)	(3a) 1.000

Quarto evento: Em 24/1/20X1 a empresa recebeu o valor correspondente aos serviços que havia prestado em 14/1/20X1.

Efeito no balanço patrimonial: ocorre um acréscimo em um ativo (Depósitos bancários) e simultaneamente uma redução em outro ativo (Duplicatas a receber).

Ativo

Depósitos bancários

	60.000	5.000 (2)
(1)	30.000	1.000 (3a)
(4)	6.000	

Duplicatas a receber

(3)	6.000	6.000 (4)

Imobilizado

50.000	

Passivo + PL

Contas a pagar

(2)	5.000	10.000

Empréstimos bancários

	30.000 (1)

Capital social

	100.000

Contas de resultado

Receita de serviços		Despesa com comissões
	6.000 (3)	(3a) 1.000

Quinto evento: Em 30/1/20X1 a empresa pagou o aluguel do prédio onde está instalada no valor de $ 1.000.

Efeito no balanço patrimonial: ocorre uma diminuição no ativo (Depósitos bancários) que se caracteriza como despesa (***Despesa de aluguel***).

Capítulo 3

Ativo			Passivo + PL	
Depósitos bancários			**Contas a pagar**	
60.000	5.000 (2)		(2) 5.000	10.000
(1) 30.000	1.000 (3a)			
(4) 6.000	1.000 (5)			

Duplicatas a receber			Empréstimos bancários	
(3) 6.000	6.000 (4)			30.000 (1)

Imobilizado		Capital social
50.000		100.000

Contas de resultado

Receita de serviços		Despesa com comissões	
	6.000 (3)	(3a) 1.000	

Despesa com aluguel	
(5) 1.000	

Sexto evento: Análise do empréstimo obtido em 2/1/20X1.

Efeito no balanço patrimonial: ocorre um acréscimo no passivo (Empréstimos bancários) que se caracteriza como despesa (*Despesas financeiras*).

Ativo			Passivo + PL	
Depósitos bancários			**Contas a pagar**	
60.000	5.000 (2)		(2) 5.000	10.000
(1) 30.000	1.000 (3a)			5.000
(4) 6.000	1.000 (5)			
89.000				

Demonstração do resultado

Duplicatas a receber	
(3) 6.000	6.000 (4)
–	

Empréstimos bancários	
	30.000 (1)
	600 (6)
	30.600

Imobilizado	
50.000	
50.000	

Capital social	
	100.000
	100.000

Contas de resultado

Receita de serviços	
	6.000 (3)

Despesa com comissões	
(3a) 1.000	

Despesa com aluguel	
(5) 1.000	

Despesas financeiras	
(6) 600	

No final do período, após o registro de todos os eventos que ocorreram no desempenho da atividade da empresa, é efetuada a apuração do resultado obtido. O procedimento para a apuração do resultado é realizado pelo encerramento das contas de receitas e despesas, transferindo-se seus saldos para a conta de apuração do resultado. Esses lançamentos são apresentados a seguir, sendo identificados pelas letras do alfabeto (**a** até **d**).

Capítulo 3

Contas de resultado

Receita de serviços	
	6.000 (3)
(a) 6.000	6.000

Despesa com comissões	
(3a) 1.000	
1.000	1.000 (b)

Despesa de aluguel	
(5) 1.000	
1.000	1.000 (c)

Despesas financeiras	
(6) 600	
600	600 (d)

Apuração do resultado	
(b) 1.000	6.000 (a)
(c) 1.000	
(d) 600	
2.600	6.000
	3.400

Após a ***Apuração do resultado***, o saldo deve ser transferido para a conta de patrimônio líquido denominada ***Lucros (ou Prejuízos) Acumulados***. Como, neste exemplo, o saldo da conta de apuração é credor, significa que a empresa apurou um lucro no período, e o lançamento para o encerramento da conta ***Apuração do resultado*** e a transferência de seu saldo para a conta do patrimônio líquido são os seguintes:

Apuração do resultado	
(b) 1.000	6.000 (a)
(c) 1.000	
(d) 600	
2.600	6.000
(A) 3.400	3.400

Lucros acumulados	
	3.400 (A)
	3.400

Dessa forma, o saldo da conta ***Apuração do resultado*** após a transferência é nulo e a conta ***Lucros Acumulados*** absorve o resultado obtido nesse período. Assim, o resultado obtido passa a integrar o patrimônio líquido da empresa.

3.6 ESTRUTURA DA DEMONSTRAÇÃO DO RESULTADO DO PERÍODO

A conta *Apuração do resultado* apresentada no item anterior corresponde a uma representação gráfica simplificada da demonstração do resultado do período, pois contempla os saldos de todas as contas de receitas e despesas ocorridas no período.

O relatório denominado *Demonstração do resultado* corresponde à apresentação, de maneira detalhada e ordenada, de todas as contas de receitas e despesas que compõem a conta *Apuração do resultado*. O Pronunciamento Conceitual Básico (R1) do Comitê de Pronunciamentos Contábeis (CPC) apresenta, no item 4.27, o seguinte comentário sobre a forma de apresentação das receitas e despesas neste relatório:

> As receitas e despesas podem ser apresentadas na demonstração do resultado de diferentes maneiras, de modo a serem prestadas informações relevantes para a tomada de decisões econômicas. Por exemplo, é prática comum distinguir os itens de receitas e despesas que surgem no curso das atividades usuais da entidade daqueles que não surgem. Essa distinção é feita considerando que a origem de um item é relevante para a avaliação da capacidade que a entidade tem de gerar caixa ou equivalentes de caixa no futuro. Por exemplo, atividades incidentais como a venda de um investimento de longo prazo são improváveis de voltarem a ocorrer em base regular. Quando da distinção dos itens dessa forma, deve-se levar em conta a natureza da entidade e suas operações. Itens que resultam das atividades usuais de uma entidade podem não ser usuais em outras entidades.

Um formato que atenda aos requisitos apresentados no referido pronunciamento deve considerar a atividade operacional da empresa, para que esta evidencie os principais itens referentes ao seu desempenho, como, por exemplo, apresentar o resultado obtido pela empresa nas suas atividades principais, pela confrontação das receitas de vendas ou serviços com as despesas diretamente associadas a essas receitas.

Em função de atividades operacionais distintas, algumas empresas apresentam uma estrutura para a Demonstração do Resultado (DRE) diferente das demais. Para o caso das seguradoras, a estrutura da DRE é diferente das empresas industriais e comerciais. Para ilustrar tal situação, a Demonstração de Resultados de 2015 da Allianz Seguros S.A. é apresentada a seguir:

Allianz Seguros S.A.

Demonstração de Resultados Exercício findo em 31/12/2015 (em milhares de reais)	
Prêmios emitidos líquidos	2.654.125
(-) Variação das provisões técnicas de prêmios	174.103
(=) Prêmios ganhos	**2.828.228**
(-) Sinistros ocorridos	(2.116.347)
(-) Custos de aquisição	(548.427)
(-) Outras receitas e despesas operacionais	(21.529)
(-) Resultado com resseguro	(2.671)
(+) Receita com resseguro	669.763
(-) Despesa com resseguro	(672.434)
(-) Despesas administrativas	(471.764)
(-) Despesas com tributos	(86.902)
(+) Resultado financeiro	168.144
(+) Resultado patrimonial	(154.025)
(=) Resultado operacional	**(405.293)**
(+) Ganhos com ativos não recorrentes	118
(=) Resultado antes dos impostos e participações	(405.175)
(-) Imposto de renda	60.895
(-) Contribuição social	37.191
(-) Participações sobre o resultado	(20.629)
(=) RESULTADO DO PERÍODO	**(327.718)**

Quantidade de ações – 1.001.315.045
Resultado do período por ação – (0,33)

Fonte: KPMG Auditores Independentes. "Allianz Seguros S.A. Demonstrações financeiras individuais intermediárias em 30 de junho de 2016." Disponível em: <http://www.susep.gov.br/setores-susep/cgsoa/coaso/arquivos-demonstracoes-anuais/2016-06/AllianzSegurosSA-05177-IN-201606.pdf>. Acesso em: 12 set. 2017.

A partir dos **Prêmios ganhos** são demonstradas as despesas usuais que a empresa incorre no desempenho de sua atividade e outras receitas e despesas complementares à sua atividade, chegando-se ao **Resultado operacional**. As despesas operacionais podem ser entendidas como despesas necessárias para o desempenho de suas atividades. Após o Resultado operacional foi evidenciado o resultado não recorrente que a empresa obteve em 2015, chegando-se ao ***Resultado antes dos impostos e participações***, que corresponde ao resultado obtido pela empresa no desempenho de suas atividades. Após a dedução dos impostos e participações obtém-se o **Resultado do período**.

3.7 O PRINCÍPIO DO REGIME DE COMPETÊNCIA DE EXERCÍCIO

No item 3.2 deste capítulo foram definidos os conceitos de receita e despesa reproduzidos a seguir.

(a) Receitas são aumentos nos benefícios econômicos durante o período contábil, sob a forma de entrada de recursos ou do aumento de ativos ou diminuição de passivos, que resultam em aumentos do patrimônio líquido, e que não estejam relacionados com a contribuição dos detentores dos instrumentos patrimoniais.

(b) Despesas são decréscimos nos benefícios econômicos durante o período contábil, sob a forma de saída de recursos ou da redução de ativos ou assunção de passivos, que resultam em decréscimo do patrimônio líquido, e que não estejam relacionados com distribuições aos detentores dos instrumentos patrimoniais.

A partir das definições, percebe-se que os conceitos de receita e despesa não estão associados obrigatoriamente ao momento da entrada ou saída de dinheiro da empresa, mas à geração ou ao consumo de benefícios econômicos futuros.

Em função disso, são discutidos a seguir os princípios que norteiam o reconhecimento das receitas e despesas para atender às definições apresentadas.

3.7.1 Princípio da realização da receita

As receitas são reconhecidas no momento em que geram um aumento de ativo ou redução de um passivo para a empresa e, simultaneamente, causam um acréscimo no seu patrimônio líquido, sem a empresa assumir qualquer obrigação futura. Diz-se que a receita é reconhecida em função do seu fato gerador e não em função do efetivo recebimento, embora os dois fatos possam ocorrer simultaneamente.

Fato gerador de uma receita pode ser entendido como um evento ocorrido que possibilita à empresa obter um ativo ou reduzir um passivo que lhe acresce o patrimônio líquido e não gera nenhuma obrigação futura. Assim, quando uma empresa efetua uma venda de produto e transfere a propriedade deste para o comprador, ocorreu o fato gerador da receita, pois a transferência da propriedade do produto gerou para a empresa um ativo (caixa ou duplicatas a receber) que lhe acresceu o patrimônio líquido, não havendo qualquer obrigação futura para a empresa, pois a propriedade do mesmo já foi transferida para o comprador. Quando uma empresa prestou um serviço a terceiros, ocorreu o fato gerador da receita, pois o serviço prestado gerou para a empresa um ativo (caixa ou duplicatas a receber) que lhe acresceu o patrimônio líquido, não havendo qualquer obrigação futura para a empresa, pois o serviço já foi prestado para o tomador.

Essa forma de reconhecimento da receita em função do seu fator gerador é denominada **Princípio da realização da receita**.

3.7.2 Princípio da confrontação das despesas com as receitas

As despesas são reconhecidas no momento em que ocorre o uso ou o consumo de um bem ou de um serviço pela empresa, causando uma diminuição no seu patrimônio

Capítulo 3

líquido. Diz-se que a despesa é reconhecida em função do seu fato gerador e não em função do efetivo pagamento, embora os dois fatos possam ocorrer simultaneamente.

O fato gerador de uma despesa pode ser entendido como sendo o uso ou consumo de um bem ou serviço. Assim, se a empresa utilizou os serviços dos funcionários em um determinado período, ocorreu o fato gerador da despesa (já ocorreu o uso), independentemente de os salários serem pagos ou não no próprio período. Quando uma empresa utilizou serviços de terceiros, ocorreu o fato gerador da despesa, pois o serviço já foi utilizado e o seu custo é o valor da despesa.

Essa forma de reconhecimento da receita e despesa correspondente é denominada **Princípio da confrontação das despesas com as receitas**, implicando que as despesas necessárias para a geração de determinadas receitas devem ser confrontadas no mesmo período em que as receitas forem reconhecidas.

3.7.3   Regime de competência

A conjunção do Princípio da realização da receita e com o Princípio da confrontação das despesas com as receitas forma um princípio mais genérico denominado **Princípio do regime de competência de exercícios**. Esse princípio exige que as receitas e despesas sejam apropriadas no período a que competem, independentemente do recebimento das receitas ou do pagamento das despesas, devendo prevalecer para a apropriação a ocorrência do respectivo fato gerador. Isso significa que as receitas e despesas devem ser reconhecidas no período em que são identificados os efeitos nos benefícios econômicos futuros, ou seja, devem ser reconhecidos no momento em que há um acréscimo (receita) ou decréscimo (despesa) nos benefícios econômicos.

3.7.4   Receitas e despesas antecipadas

Em função do regime de competência, alguns pagamentos ou recebimentos não podem ser considerados despesas ou receitas, uma vez que o fato gerador da despesa ou da receita não ocorreu.

Esses pagamentos ou recebimentos normalmente estão associados a eventos que ocorrerão no futuro e que se caracterizarão como despesa ou receita com o decorrer do tempo. Esses pagamentos ou recebimentos são denominados **Despesas antecipadas** ou **Receitas antecipadas**, caracterizando um ativo ou um passivo para a empresa, respectivamente. À medida que o tempo vai passando, o ativo vai se transformando em despesa e o passivo em receita, em função do fator gerador correspondente.

3.7.4.1   Exemplo 1 – Pagamento antecipado do seguro (Receita antecipada)

Uma seguradora recebe de um cliente o valor de $ 20.000 referente à contratação de um seguro contra incêndio com vigência de 12 meses. No momento do recebimento não houve a caracterização da receita, pois, apesar de ter havido a entrada do dinheiro, o fato gerador da receita não ocorreu, ou seja, o serviço (seguro) ainda não foi prestado. Assim, no momento do recebimento a empresa assumiu a obrigação de prestar o serviço durante 12 meses e, portanto, deve registrar a contrapartida do recebimento do dinheiro em uma conta de passivo. O registro correspondente, em razonetes, é:

Contas do balanço patrimonial

Depósitos bancários		Adiantamento de Clientes (*)	
XXXXX			20.000 (1)
(1) 20.000			

(*) Esta é a conta de Provisão de Prêmios Não Ganhos (PPNG), na contabilidade de seguros.

Após um mês, a seguradora terá prestado 1/12 do serviço contratado e essa parcela corresponderá à receita de competência desse mês, pois o fato gerador da receita (prestar o serviço) já ocorreu. A empresa deve, então, apropriar essa parcela como receita desse mês em contrapartida à diminuição da conta de passivo, pois ocorreu uma redução na obrigação a ser cumprida. O registro correspondente é:

Contas do balanço patrimonial

Depósitos bancários		Adiantamento de clientes	
XXXXX		(2) 1.667	20.000 (1)
(1) 20.000			

Contas de resultado

Receita de serviços (*)
1.667   (2)

(*) Na contabilidade de seguros a conta é denominada de "prêmios emitidos".

Assim, à medida que o serviço for prestado, o fato gerador da receita ocorre e, em função do Princípio do regime de competência de exercícios, a receita vai sendo apropriada ao resultado e o passivo vai se reduzindo até que todo o serviço seja prestado.

3.7.4.2 Exemplo 2 – Despesa antecipada

Uma empresa paga $ 18.000 a uma seguradora para manter segurados seus ativos pelo período de 1 ano. No momento do pagamento não houve a caracterização da despesa com seguro, pois, apesar de ter havido a saída do dinheiro, não ocorreu o fato gerador da despesa (utilização do serviço de proteção). Assim, no momento do pagamento a empresa adquiriu o direito de exigir o serviço de proteção durante os 12 meses subsequentes e, portanto, deve registrar a contrapartida do pagamento em uma conta de ativo. O registro correspondente, em razonetes, é:

Contas do balanço patrimonial

Depósitos bancários				Despesas antecipadas(*)	
XXXXX	18.000	(1)	(1)	18.000	

(*) Na contabilidade de seguros, a conta "custos de aquisição diferidos" é um exemplo.

Após o início de vigência da apólice, a empresa começa a utilizar o serviço de proteção. Assim, com o passar do tempo, o direito da empresa vai sendo consumido até que, na data de vencimento da apólice, ele não mais existe. Nesse sentido, com o passar do tempo, a empresa precisa reconhecer uma despesa decorrente do fato gerador, que é o consumo do seu direito de proteção.

Considerando que o início de vigência da apólice foi 1/4/20X1, no final do período de utilização a empresa precisa reconhecer o custo correspondente a esse período de cobertura como despesa com seguro. Como o valor total do seguro foi $ 18.000, para garantir a proteção por 12 meses, o custo para a proteção em cada mês é de $ 1.500.

O registro, após um mês da contratação do seguro, é:

Contas do balanço patrimonial

Depósitos bancários				Despesas antecipadas		
XXXXX	18.000	(1)	(1)	18.000	1.500	(2)

Contas de resultado

	Despesa com seguro	
(2)	1.500	

Assim, no final desse mês uma parcela do ativo foi consumida e, portanto, deve ser apropriada em contrapartida da redução da conta de ativo, pois ocorreu uma redução no valor do direito da empresa. Assim, à medida que o tempo passa, o fato gerador da despesa ocorre e, em função do Princípio do regime de competência de exercícios, a despesa vai sendo apropriada ao resultado e o ativo vai se reduzindo até que todo direito seja utilizado.

Em função dos exemplos apresentados, é importante fixar que as contas denominadas ***Despesas antecipadas***, embora apresentem o termo "despesas" em seu título, não caracterizam uma despesa ocorrida, mas sim um ativo, e só vão se transformar em despesa efetiva à medida que o fato gerador for ocorrendo ao longo do tempo.

De maneira análoga, as contas denominadas ***Receitas antecipadas***, embora apresentem o termo "receitas" em seu título, não caracterizam uma receita, mas sim um passivo, e só vão se transformar em receita efetiva à medida que o fato gerador for ocorrendo ao longo do tempo. Outras nomenclaturas usuais para esses recebimentos antecipados que vão se caracterizar como receitas no futuro são ***receitas diferidas*** e ***adiantamentos de clientes***.

PATRIMÔNIO LÍQUIDO AJUSTADO (PLA), LIMITE DE RETENÇÃO E CAPITAL MÍNIMO REQUERIDO

Objetivos de Aprendizagem

- ☑ Demonstrar a composição do patrimônio líquido ajustado.
- ☑ Calcular o limite de retenção das seguradoras.
- ☑ Evidenciar o capital mínimo requerido pela Susep para que as empresas supervisionadas possam operar no Brasil.

4.1 PATRIMÔNIO LÍQUIDO AJUSTADO (PLA)

Ajustar o patrimônio líquido contábil das seguradoras foi a maneira encontrada pelas supervisoras mundiais de seguros, como a Susep no Brasil, para torná-lo mais adequado às operações específicas de seguros.

Com isso, os ativos considerados de difícil realização ou que possam trazer dúvidas sobre benefícios econômicos futuros para a seguradora são deduzidos do patrimônio líquido contábil.

O PLA deve ser líquido de elementos incorpóreos, de ativos de elevado nível de subjetividade de valoração ou que já garantam atividades financeiras similares e de outros ativos cuja natureza seja considerada pela Susep como imprópria para resguardar a solvência da seguradora.

Os reguladores do mercado segurador brasileiro utilizam o PLA como parâmetro para o capital mínimo requerido e o limite de retenção.

Capítulo 4

O patrimônio líquido ajustado das seguradoras brasileiras é constituído pelo patrimônio líquido contábil com as deduções determinadas pela Resolução CNSP nº 321/2015.

As deduções que devem ser efetuadas no patrimônio líquido contábil são as seguintes:

(+)	Patrimônio líquido contábil
(-)	Participações societárias em outras empresas
(-)	Despesas antecipadas não relacionadas a resseguro
(-)	Créditos tributários decorrentes de prejuízos fiscais de imposto de renda e bases negativas de contribuição social
(-)	Ativos intangíveis
(-)	Imóveis de renda urbanos e fundos de investimentos imobiliários com lastro em imóveis urbanos, que excedam 14% do total do ativo
(-)	Imóveis de renda rurais e fundos de investimentos imobiliários com lastro em imóveis rurais
(-)	Obras de arte
(-)	Pedras preciosas
(-)	Créditos oriundos da alienação de itens que estão sendo deduzidos
(=)	Patrimônio líquido ajustado (PLA)

Segue exemplo do PLA de uma seguradora brasileira em dois períodos anuais:

	Eventos (valores em milhares de reais)	20X1	20X2
(+)	Patrimônio líquido contábil	1.517.751	1.487.245
(-)	Participações societárias	(277.276)	(277.676)
(-)	Despesas antecipadas não relacionadas a resseguro	(1.999)	(4.536)
(-)	Créditos tributários	(305)	(365)
(-)	Ativo intangível	(15.767)	(16.467)
(=)	Patrimônio líquido ajustado (PLA)	1.222.404	1.188.201

De acordo com a legislação vigente, o PLA é utilizado como parâmetro para suprir o capital mínimo requerido e para a apuração do limite de retenção. Assim, o PLA serve para verificar a solvência da seguradora, assegurando sua operação, uma vez que ele deve ser superior ao capital mínimo requerido. Já em relação ao limite de retenção, significa dizer que, quanto maior for o PLA, maior será a capacidade de a seguradora reter riscos isolados em suas operações de seguro.

Para uma melhor explicação dos limites de retenção e do capital mínimo requerido, seguem detalhes desses dois importantes assuntos nas operações de seguro.

4.2 LIMITE DE RETENÇÃO

As seguradoras precisam analisar se possuem capacidade de garantir todos os riscos subscritos por meio de suas apólices de seguro.

Nesse sentido, de acordo com a Resolução CNSP nº 321/2015, os valores máximos de responsabilidade que as seguradoras podem reter em cada risco isolado, denominados "limites técnicos" ou operacionalmente "limites de retenção", são determinados com base nos valores dos respectivos PLAs. O risco isolado ocorre quando o objeto ou conjunto de objetos de seguro possui grande probabilidade de serem atingidos por um mesmo evento gerador de perdas.

Contudo, no seguro de grandes riscos, com vultosas importâncias seguradas, como é o caso dos seguros da Petrobras, as seguradoras são obrigadas a dividir os riscos que lhes são confiados com outras seguradoras (cosseguro) ou com resseguradoras (resseguro), procedendo a cessão dos prêmios para cosseguradoras e/ou resseguradoras.

Partindo-se do princípio de que as seguradoras de um determinado grupo podem receber cosseguro uma das outras, a legislação permite um limite de retenção grupal, ou seja, a soma de todos os limites de retenção das seguradoras que pertencem ao mesmo grupo.

Você sabia?

O **cosseguro** e o **resseguro** são maneiras de pulverizar o risco de uma seguradora.

Além da pulverização, outra finalidade dessas divisões de risco é a de não ultrapassar o limite de retenção, bem como não tornar a seguradora insuficiente em matéria de capital mínimo requerido.

O **cosseguro** é a operação de seguro em que duas ou mais seguradoras, com anuência do segurado, distribuem, percentualmente, os riscos de determinada apólice, sem solidariedade. A seguradora líder é aquela que emite a apólice, e as cosseguradoras são as que participam do risco juntamente com a seguradora líder. No cosseguro existe relação direta entre o segurado e as seguradoras (a seguradora líder e as demais cosseguradoras que participam do risco), ou seja, há vínculo contratual entre o segurado e cada uma das seguradoras. Conforme Resolução CNSP nº 68/2001, tanto a seguradora líder quanto as cosseguradoras são, perante o segurado, responsáveis pelo pagamento da indenização de sinistros que possam ocorrer, ou seja, as seguradoras respondem, isoladamente, perante o segurado, pela parcela de responsabilidade que assumiram. Não existe solidariedade. Não existe um contrato de cosseguro.

O **resseguro** é o seguro do seguro, ou seja, uma seguradora contrata uma ou mais resseguradoras para dividir o risco do seguro contratado. No resseguro não existe relação direta entre o segurado e o ressegurador. A operação de resseguro é efetuada sem conhecimento ou qualquer interferência do segurado. Nesse caso, a seguradora é, perante o segurado, a única responsável pelo pagamento da indenização de sinistros que possam ocorrer. A seguradora repassará parte do prêmio de seguro ao ressegurador e será ressarcida de parte dos sinistros, nos termos do contrato de resseguro.

Ainda de acordo com a legislação brasileira, as seguradoras efetuam os cálculos dos limites de retenção, para cada ramo de seguro, por meio de metodologia cientificamente comprovada que possa gerar resultados consistentes.

Os valores dos limites de retenção são calculados por atuários habilitados e não devem ultrapassar 5% (cinco por cento) do PLA. Os valores dos limites de retenção calculados pelas seguradoras, quando iguais ou menores do que 5% do PLA, não necessitam de prévia autorização da Susep, porém poderá ser admitida, mediante prévia autorização da Susep, a utilização de valores de limites de retenção superiores a 5% do PLA.

Apesar de a legislação atual permitir valores de limite de retenção de 5% (ou até mais) do patrimônio líquido ajustado, a maioria das seguradoras não utiliza esse patamar de percentual, pois: (i) estavam acostumadas com um limite histórico de 3%; e (ii) são muito conservadoras.

De acordo com o PLA das seguradoras, seus atuários estudam qual seria o percentual mais adequado para o limite de retenção de cada ramo. As seguradoras normalmente utilizam percentuais diferentes em cada ramo de seguro. Em alguns ramos utilizam 0,5% do PLA, em outros 1%. Tomando-se por base uma das maiores seguradoras do Brasil, com patrimônio líquido ajustado de R$ 2,370 bilhões (data-base: janeiro de 2016), o limite de retenção de maior valor utilizado foi de R$ 15 milhões e ocorreu no ramo de riscos nomeados e operacionais. Esse percentual representou apenas 0,63% do PLA.

A legislação estabelece que as seguradoras devem calcular os seus limites de retenção, sendo que os valores calculados nos meses entre fevereiro e julho devem considerar, como base de cálculo, o PLA de dezembro do ano anterior. Já os valores calculados nos meses entre agosto e janeiro devem considerar, como base de cálculo, o PLA do mês de junho que antecede esses meses.

As seguradoras são obrigadas a operar com os limites encaminhados à Susep, sendo proibidas de reter responsabilidades cujos valores ultrapassem os limites fixados. O fato de uma seguradora não poder ultrapassar os limites de retenção não a impede de aceitar seguros que excedam esses limites. A fração excedente deve ser repassada para outras seguradoras ou resseguradoras, caracterizando o cosseguro ou o resseguro.

Conforme dispõe a legislação brasileira, os valores dos limites de retenção calculados para cada ramo pelas seguradoras devem ser encaminhados à Susep por meio do Formulário de Informações Periódicas – FIP. Esse formulário é um documento que possui diversos quadros e questionários contendo praticamente todas as informações inerentes às seguradoras. São enviadas através do FIP informações cadastrais, contábeis e atuariais tais como: (i) prêmios e comissões por ramo; (ii) provisões técnicas por ramo; (iii) balanço patrimonial e demonstração do resultado do exercício; (iv) limites de retenção e patrimônio líquido ajustado; e (v) dentre outras tantas.

4.3 CAPITAL MÍNIMO REQUERIDO

O capital mínimo requerido é uma regra prudencial, pois visa garantir a solvência das seguradoras, ou seja, é exigido que uma seguradora tenha capital suficiente para honrar os seus compromissos futuros. Assim, o seu correto dimensionamento é essencial para a continuidade dos negócios.

Até 2007 as seguradoras brasileiras calculavam a sua necessidade de capital a partir de índices, ou seja, existia a chamada "margem de solvência". A partir daquela data a Susep aprimorou a sua legislação e passou a exigir das seguradoras um capital baseado em riscos. Inicialmente as seguradoras conviveram com a margem de solvência e com o capital baseado no risco de subscrição. Com o passar dos anos o regulador foi adicionando outros riscos, como o risco de crédito, operacional e de mercado, e atualmente abandonou o cálculo por índices.

4.3.1 Margem de solvência (capital baseado em índice)

No passado, o cálculo da margem de solvência dependia da produção de prêmios e da sinistralidade da seguradora, ou seja, eram aplicados o percentual de 20% sobre os prêmios retidos dos últimos 12 meses e também o percentual de 33% sobre a média anual dos sinistros retidos dos últimos 36 meses, em relação à data-base do cálculo. A margem de solvência era o maior valor resultante desses dois cálculos.

Independentemente de o período em relação aos sinistros retidos ser defasado (pois a Susep considerava os valores dos últimos 36 meses e deveria utilizar os sinistros retidos dos últimos 12 meses) e de qual seria a explicação do regulador para a utilização dos percentuais de 20% e 33%, o resultado dos cálculos apontava que a margem de solvência era de 20% dos prêmios retidos anuais quando o índice de sinistralidade (relação entre os sinistros retidos e os prêmios ganhos) da seguradora não ultrapassasse o percentual de

Capítulo 4

60,61%; caso contrário, a margem de solvência seria de 33% sobre a média anual dos 36 meses dos sinistros retidos.

O mercado sempre reconheceu que a metodologia utilizando índices (20% e 33%) não refletia, efetivamente, os riscos que as seguradoras assumiam, porém não havia um melhor parâmetro de mensuração do capital necessário para as suas operações.

O cálculo por índice levava em consideração os prêmios retidos e os sinistros retidos, mas não se importava: (i) com o ramo do seguro; (ii) com o risco; e (iii) com o local do risco, ou seja, se uma seguradora produzisse R$ 100 milhões de prêmios retidos anuais no ramo de incêndio em São Paulo, o capital requerido seria igual ao de outra seguradora que produzisse os mesmos R$ 100 milhões no ramo de transportes no estado do Rio de Janeiro, considerando uma sinistralidade, por exemplo, de 40% e 55%, respectivamente.

Exemplo: para uma seguradora que operava no estado do Rio de Janeiro e produzia R$ 100 milhões de prêmios retidos no ramo de transportes, com uma sinistralidade de 55%, a margem de solvência era de R$ 20 milhões (20% de R$ 100 milhões). Em relação aos 33% dos sinistros, não era necessário fazer o cálculo, pois a sinistralidade era inferior a 60,61%.

Para uma seguradora que operava no estado de São Paulo e que produzia R$ 100 milhões de prêmios retidos no ramo de incêndio, com uma sinistralidade de 40%, a margem de solvência também era de R$ 20 milhões (20% de R$ 100 milhões). Em relação aos 33% dos sinistros, também não era necessário fazer o cálculo, pois a sinistralidade também era inferior a 60,61%.

Em resumo, pelo modelo baseado em índice, uma seguradora com determinado PLA poderia comercializar os seus produtos com prêmios retidos de até cinco vezes o seu PLA, ou seja, 20% dos prêmios retidos caso a sua sinistralidade fosse inferior a 60,61%. Escrito de outra maneira, uma seguradora poderia se alavancar em até 5 vezes, ou seja, tendo um PLA de R$ 20 milhões poderia produzir prêmios de até R$ 100 milhões e estaria solvente.

4.3.2 Capital-base e capital de risco

A partir do ano de 2008, a Susep alterou as regras de requerimento de capital, considerando metodologias recomendadas pela International Association of Insurance Supervisors – IAIS, associação internacional dos supervisores de seguros, as quais são mais adequadas às operações e, por isso, praticadas nos países desenvolvidos, no caso do chamado capital baseado em risco.

No Brasil, o capital mínimo requerido é fixado após apuração de dois cálculos de capital: (i) o capital-base; e (ii) o capital de risco. O maior valor entre o capital-base e o capital de risco é o capital mínimo requerido.

Patrimônio líquido ajustado (PLA), limite de retenção e capital mínimo requerido

4.3.2.1 Capital-base

O capital-base exigido pela Susep para uma seguradora que opera em todo o Brasil é de R$ 15 milhões. Esse capital não leva em consideração o tamanho da seguradora, ou seja, seus valores são fixos para cada uma das oito regiões definidas pelo regulador. A tabela a seguir apresenta tais valores:

Regiões	Unidades da Federação	Valores em Reais
1	AM, PA, AC, RR, AP, RO	120.000,00
2	PI, MA, CE	120.000,00
3	PE, RN, PB, AL	180.000,00
4	SE, BA	180.000,00
5	GO, DF, TO, MT, MS	600.000,00
6	RJ, ES, MG	2.800.000,00
7	SP	8.800.000,00
8	PR, SC, RS	1.000.000,00
Total	Todos	13.800.000,00
Total	Parcela fixa	1.200.000,00
Total	Parcela fixa + parcela variável	15.000.000,00

Fonte: Resolução CNSP nº 321/2015.

Como exemplo, uma seguradora regional que opera em Minas Gerais necessita de um capital-base de R$ 4 milhões, ou seja, R$ 2,8 milhões exigidos pela região em que o estado está localizado (região 6), adicionados da parcela fixa de R$ 1,2 milhão.

4.3.2.2 Capital de risco

A partir de 2008 os reguladores brasileiros passaram a exigir das seguradoras brasileiras um capital baseado nos riscos de subscrição. Em 2011, ampliaram o requerimento e incluíram o capital baseado nos riscos de crédito. Posteriormente, de maneira gradual, a Susep passou a exigir um capital baseado em outros riscos, tais como os riscos operacionais e de mercado. Esses riscos estão descritos na Resolução CNSP nº 321/2015.

Após as seguradoras conviverem inicialmente com o cálculo do capital baseado no risco de subscrição (o mais importante para as operações de seguros), atualmente o país encontra-se aderente às normas internacionais recomendadas pela IAIS, pois: (i) houve complementação do capital requerido para os riscos operacionais, de crédito e de

Capítulo 4

mercado; e (ii) as correlações e os fatores constantes da regulamentação não precisam mais ser seguidos pelas seguradoras, desde que elas possuam modelos próprios, afinal uma seguradora "A" não possui o mesmo nível de risco de uma seguradora "B". Utilizar modelos internos (*taylor made*) é importante, pois são utilizados fatores e correlações inerentes às operações da seguradora e o capital requerido apurado é mais confiável. Calcular a necessidade de capital por meio de tabelas válidas para todo o mercado pode não indicar um valor adequado para o capital da seguradora.

4.3.2.2.1 Capital de risco de subscrição

Risco de subscrição é a possibilidade de ocorrência de perdas que contrariem as expectativas da seguradora, direta ou indiretamente, às bases técnicas e atuariais utilizadas para cálculo de prêmios, contribuições e provisões técnicas decorrentes das operações. Em outras palavras, trata-se do risco que uma seguradora incorre ao arrecadar prêmios e contribuições insuficientes para pagar os sinistros, pecúlios, sorteios etc.

Assim como o risco de crédito, por ser o *core* dos bancos, trata-se do risco que mais requer capital das instituições financeiras, o risco de subscrição é aquele que mais requer capital das seguradoras.

O capital proveniente dos riscos de subscrição leva em consideração os prêmios retidos, os sinistros retidos, os ramos de atuação, a região onde estão os riscos e também a correlação entre os negócios. A legislação dispõe para o mercado diversas tabelas para o cálculo do risco de subscrição, bem como a fórmula de cálculo do capital para esse risco.

Para as seguradoras que não possuem modelos próprios, o regulador de seguros do Brasil disponibiliza tabelas e fórmulas de cálculo para o risco de subscrição. São tabelas relativas a: (i) fatores de riscos para os prêmios e sinistros retidos; (ii) matriz de correlação para prêmios e sinistros retidos; (iii) região de atuação; e (iv) classe de negócios.

O capital de risco de subscrição é o montante variável de capital que uma seguradora deve manter, a qualquer tempo, para garantir o risco de subscrição inerente à sua operação. Esse montante deve ser calculado com base nos fatores de risco constantes das tabelas divulgadas na legislação, aplicando a seguinte fórmula:

Para os prêmios:

$$R.emi.danos = \sqrt{\sum_{i=1}^{51} \sum_{j=1}^{51} (f_i^{prem} \cdot premio_i^m) \cdot (f_j^{prem} \cdot premio_j^m) \rho_{i,j}^{prem}}$$

Sendo:

- *R.emi.danos*: montante de capital referente ao risco de subscrição de emissão/precificação das operações.

- Segmento de mercado: combinação entre classe de negócio (grupo de ramos) e região de atuação.
- f_i^{prem}: fator relativo ao risco de emissão/precificação do segmento de mercado "i".
- $premio_i^m$: montante de prêmios retidos nos últimos 12 meses anteriores ao mês de cálculo "m" do segmento de mercado "i".
- f_j^{prem}: fator relativo ao risco de emissão/precificação do segmento de mercado "j".
- $premio_j^m$: montante de prêmio retido dos últimos 12 meses anteriores ao mês de cálculo "m" do segmento de mercado "j".
- $\rho_{i,j}^{prem}$: fator de correlação entre os segmentos de mercado "i" e "j", relativo aos riscos de emissão/precificação.

Para os sinistros:

$$R.prov.danos = \sqrt{\sum_{k=1}^{17}\sum_{l=1}^{17} (f_k^{prov} \cdot sinistro_k^m) \cdot (f_l^{prov} \cdot sinistro_l^m) \rho_{k,l}^{prov}}$$

Sendo:

- *R.prov.danos*: montante de capital referente ao risco de subscrição de provisão de sinistros.
- f_k^{prov}: fator relativo ao risco de provisão de sinistro da classe de negócio "k".
- $sinistro_k^m$: montante de sinistros retidos nos últimos 12 meses anteriores ao mês de cálculo "m" da classe de negócio "k" (os sinistros não consideram a região, diferentemente dos prêmios).
- f_l^{prov}: fator relativo ao risco de provisão de sinistro da classe de negócio "l".
- $sinistro_l^m$: montante de sinistros retidos nos últimos 12 meses anteriores ao mês de cálculo "m" da classe de negócio "l".
- $\rho_{k,l}^{prov}$: fator de correlação entre as classes de negócio "k" e "l", relativo aos riscos de provisão de sinistro.

Após o cálculo do montante de capital referente ao risco de subscrição de prêmios e sinistros, o capital de risco de subscrição das seguradoras será combinado de acordo com outras fórmulas e tabelas apresentadas na legislação para se obter o capital baseado em riscos.

Cálculo do risco de subscrição – exemplo:

Situação 1: **seguradora Carioca** que opera no estado do Rio de Janeiro e produz R$ 100 milhões de prêmios retidos anuais no ramo RCTR-C, considerando prêmio

Capítulo 4

ganho igual ao prêmio retido e sinistralidade de 50%, ou seja, R$ 50 milhões de sinistros retidos.

Situação 2: **seguradora Paulista** que opera no estado de São Paulo e produz R$ 100 milhões de prêmios retidos anuais no ramo Compreensivo Empresarial, considerando prêmio ganho igual ao prêmio retido e sinistralidade de 50%, ou seja, R$ 50 milhões de sinistros retidos.

Para facilitar a compreensão, será considerado que as seguradoras operam apenas em uma região, Rio de Janeiro e São Paulo, respectivamente e, portanto, o fator de correlação é igual a 1,00.

A correlação é a dependência entre as funções de distribuição de duas ou mais variáveis aleatórias, em que a ocorrência de um valor de uma das variáveis favorece a ocorrência de um conjunto de valores das outras variáveis. A Susep preparou uma tabela de correlação considerando que o seguro de um determinado ramo em uma determinada região pode se correlacionar com outro seguro de um determinado ramo em outra determinada região.

Cálculo do capital de risco de subscrição

Fatores para prêmios retidos:

Ramo (classe de negócios)	Região de atuação	Fator sem modelo interno	Fator com modelo interno
Compreensivo Empresarial	São Paulo	0,30	0,27
RCTR-C	Rio de Janeiro	0,42	0,36

Fatores para sinistros retidos:

Ramo (classe de negócios)	Região de Atuação	Fator sem modelo interno	Fator com modelo interno
Compreensivo Empresarial	Não considera	0,35	0,30
RCTR-C	Não considera	0,50	0,42

Obs.: nos cálculos serão utilizadas as tabelas sem redutor (fator sem modelo interno).

Para a **seguradora Carioca**, o capital de risco de subscrição é o seguinte:

- Prêmio retido = R$ 100 milhões
- Sinistro retido = R$ 50 milhões

- Fator de correlação entre segmentos de mercado e classes de negócios = 1

Assim:

Capital de risco de subscrição = $\sqrt{(0{,}42 \times 100) \times (0{,}42 \times 100) \times 1{,}00 + (0{,}50 \times 50) \times (0{,}50 \times 50) \times 1{,}00}$

Capital de risco de subscrição = R$ 48,877 milhões

Para a **seguradora Paulista**, o capital de risco de subscrição é o seguinte:

- Prêmio retido = R$ 100 milhões
- Sinistro retido = R$ 50 milhões
- Fator de correlação entre segmentos de mercado e classes de negócios = 1

Assim:

Capital de risco de subscrição = $\sqrt{(0{,}30 \times 100) \times (0{,}30 \times 100) \times 1{,}00 + (0{,}35 \times 50) \times (0{,}35 \times 50) \times 1{,}00}$

Capital de risco de subscrição = R$ 34,731 milhões

Esses cálculos evidenciam o capital exigido para cobertura do risco de subscrição, apenas.

4.3.2.2.2 Capital de risco de crédito

Em 2011 a Susep instituiu o capital baseado nos riscos de crédito, o qual é definido pelo montante variável de capital que uma seguradora deve manter, a qualquer tempo, para garantir o risco de crédito a que está exposta.

O risco de crédito é o risco que a seguradora incorre em seus ativos: (i) pela possibilidade de ocorrência de perdas associadas ao não cumprimento, pelo tomador ou contraparte, das suas respectivas obrigações financeiras nos termos pactuados; e (ii) pela desvalorização de recebíveis decorrentes da redução na classificação de risco do tomador ou contraparte. Em outras palavras, é o risco de *default*.

O capital de risco de crédito é composto por duas parcelas. Uma parcela (**parcela 1**) relativa ao risco de crédito das exposições em operações em que a contraparte é uma sociedade supervisionada pela Susep. A outra parcela (**parcela 2**) refere-se ao risco de crédito das exposições em operações em que a contraparte não é uma sociedade supervisionada pela Susep e sim outros clientes cujos ativos constam no balanço patrimonial.

Parcela 1 – Risco de crédito baseado nas exposições em operações cuja contraparte é uma empresa supervisionada pela Susep:

Capítulo 4

O valor da exposição ao risco de crédito de uma seguradora tendo como contraparte uma resseguradora ou mesma uma outra seguradora é, basicamente, formado pelo somatório dos valores das seguintes rubricas contábeis:

- (+) créditos referentes aos prêmios a receber de parcelas vencidas.
- (+) créditos referentes aos sinistros/benefícios a recuperar.
- (+) créditos referentes às comissões e outros créditos a recuperar.
- (+) prêmios de resseguro e retrocessão diferidos.
- (+) valor das despesas de comercialização diferidas referentes às comissões pagas ao ressegurador multiplicado pelo fator redutor de exposição (FRE).
- (−) provisão para risco de crédito do ressegurador.
- (−) débitos, com o ressegurador, referentes aos valores registrados como prêmios de resseguro e retrocessão diferidos e ainda não pagos.
- (=) exposição do risco de crédito.

A fórmula utilizada no cálculo da parcela 1 do risco de crédito, a qual considera fatores de risco, coeficientes de correlação, exposição de risco e quantidade de contrapartes, é apresentada a seguir:

Risco de crédito - Parcela 1

$$CR_{cred1} = \sqrt{\sum_{i=1}^{r}\sum_{j=1}^{r}(f_i \times exp_i) \times (f_j \times exp_j) \times \rho_{ij}}$$

Sendo:

- CR_{cred1}: capital de risco de crédito relativo à parcela 1.
- f_i: fator de risco correspondente à contraparte "i".
- exp_i: valor da exposição ao risco de crédito da contraparte "i".
- ρ_{ij}: coeficiente de correlação entre as exposições às contrapartes "i" e "j", sendo ρ_{ij} = 0,75 para todo $i \neq j$, e ρ_{ij} = 1 para $i = j$.
- Contraparte "i" ou "j": cada ressegurador e o conjunto de seguradoras, sociedades de capitalização e entidade aberta de previdência complementar devedoras dos créditos objeto da análise de risco.
- "r": número total de contrapartes.

O fator de risco é obtido em função do tipo da contraparte (seguradoras, resseguradoras e entidades de previdência) e do grau de risco da contraparte (notas atribuídas pelas agências de *rating* Standard & Poor's, Moody's, Fitch e AM Best) constantes nas tabelas apresentadas pela legislação.

O fator de risco será obtido em função do tipo e do grau de risco da contraparte, conforme tabela a seguir:

Tabela 4.1 Fatores de risco correspondentes à contraparte "i" ou "j"

	Tipo 1	Tipo 2	Tipo 3
Grau 1	1,93%	2,53%	3,04%
Grau 2	-	4,56%	5,48%
Grau 3	-	11,36%	13,63%

O grau de risco da contraparte é determinado de acordo com a seguinte classificação:

Quadro 4.1 Graus de risco da contraparte "i" ou "j" em função da classificação de risco emitida por agência classificadora de risco

	Standard & Poor's Co.	Moody's Investor Services	Fitch Ratings	AM Best
Grau 1	AAA AA+ AA AA-	Aaa Aa1 Aa2 Aa3	AAA AA+ AA AA-	A++ A+
Grau 2	A+ A A-	A1 A2 A3	A+ A A-	A A-
Grau 3	BBB+ BBB BBB-	Baa1 Baa2 Baa3	BBB+ BBB BBB-	B++ B+

O tipo da contraparte é determinado de acordo com a seguinte classificação:

Quadro 4.2 Definição dos tipos de contraparte

Tipos de contraparte	
Tipo 1	Sociedades seguradoras, EAPC, sociedades de capitalização e resseguradores locais
Tipo 2	Resseguradores admitidos
Tipo 3	Resseguradores eventuais

Capítulo 4

As seguradoras e demais sociedades supervisionadas pela Susep deverão utilizar um fator de risco para cada contraparte. Elas são enquadradas, para efeito de cálculo do $cred1$ CA, como Grau 1 de risco. O valor da exposição deverá ser calculado em relação a cada contraparte separadamente.

Parcela 2 – Risco de crédito baseado nas exposições em operações cuja contraparte não é uma empresa supervisionada pela Susep:

A **parcela 2** deve ser calculada utilizando-se a seguinte fórmula:

$$CR_{cred2} = 0{,}11 \times \sum_{i} FPR_i \times exp_i$$

Sendo:

- CA_{cred2}: capital baseado no risco de crédito referente à parcela 2.
- FPR_i: fator de ponderação de risco referente à exposição "i".
- exp_i: valor da exposição ao risco de crédito dos valores, aplicações, créditos, títulos ou direitos "i" registrados pela seguradora.

Nessa fórmula é atribuído o percentual de 11% sobre o somatório das exposições (ativos, deduzidos das respectivas provisões para desvalorização ou *impairment*) multiplicadas pelo seu respectivo fator de ponderação.

Para alguns ativos, o fator de ponderação é de 20%. Para outros, foram atribuídos os percentuais de 50%, 75%, 100% e até 300%. O ativo que mais necessita de capital é o crédito tributário proveniente de prejuízo fiscal do imposto de renda e base negativa de contribuição social, o qual tem um fator de ponderação de 300%. As exposições referentes às aplicações em quotas de fundo terão dedução dos valores das provisões matemáticas de benefícios a conceder dos planos PGBL e VGBL. Deve ser aplicado fator de ponderação de risco de 0% para as exposições para as quais não haja fator de ponderação específico estabelecido na legislação da Susep.

Seguem alguns exemplos de ativos e suas ponderações:

Ativos	Ponderação de risco
Depósitos bancários e valores em trânsito	20%
Aplicações no mercado aberto	20%
Depósitos judiciais e fiscais	20%

Patrimônio líquido ajustado (PLA), limite de retenção e capital mínimo requerido

Aplicações em títulos privados de renda fixa emitidos por instituições financeiras, com prazo de vencimento em até três meses	20%
Aplicações em títulos privados de renda fixa emitidos por instituições financeiras, com prazo de vencimento superior a três meses	50%
Prêmios a receber de parcelas vencidas de prêmios de seguro direto	75%
Contribuições a receber de parcelas vencidas referentes a operações de previdência complementar	75%
Créditos a receber de assistência financeira a participantes de planos em regime financeiro de repartição	75%
Aplicações em títulos públicos de renda fixa não federais	100%
Aplicações em títulos privados de renda fixa que não sejam emitidos por instituições financeiras	100%
Aplicações em títulos de renda variável não classificados como ações, derivativos e ouro	100%
Aplicações não enquadradas como títulos de renda fixa, títulos de renda variável ou quotas de fundos de investimento	100%
Créditos tributários decorrentes de ajustes temporais	100%
Demais créditos tributários e previdenciários	300%

Composição do capital de risco de crédito (parcelas 1 e 2)

O capital baseado no risco de crédito é constituído levando-se em consideração as exposições tanto da parcela 1 quanto da parcela 2, sendo que o montante do risco de crédito da seguradora deve ser calculado utilizando-se a seguinte fórmula:

Risco de crédito total

$$CR_{cred} = \sqrt{CR_{cred1}^2 + CR_{cred2}^2 + 1{,}50 \times CR_{cred1} \times CR_{cred2}}$$

Sendo:

- CR_{cred}: capital de risco de crédito.
- CR_{cred1}: capital de risco de crédito relativo à parcela 1.
- CR_{cred2}: capital de risco de crédito relativo à parcela 2.

Cálculo do capital de risco de crédito – exemplo

O cálculo do capital de risco de crédito dependerá da qualidade dos ativos que a seguradora possui. Assim sendo, dependendo do ativo haverá uma maior ou menor exposição ao risco.

Capítulo 4

Para a **seguradora Carioca** consideraram-se as seguintes premissas:

- Exposição ao risco de crédito com resseguradora local no montante de R$ 100 milhões.
- Resseguradora: contraparte do tipo 1 e grau 1 de risco (ver Tabela 4.1).
- Aplicação de renda fixa emitida por um banco privado no montante de R$ 100 milhões, com vencimento maior do que três meses.
- Fator de ponderação de risco referente ao banco = 50%.

Como a resseguradora é uma entidade supervisionada pela Susep, trata-se da parcela 1:

$CR_{Cred1} = \sqrt{(1,93\% \times 100) \times (1,93\% \times 100) \times 1,00}$

CR_{Cred1} = R$ 1,93 milhão

Obs.: Como só tem uma contraparte, a correlação é 1,00.

Para o banco privado, cuja entidade não é supervisionada pela Susep, trata-se da parcela 2:

$CR_{Cred2} = 11\% \times 50\% \times 100$

CR_{Cred2} = R$ 5,5 milhões

Após o cálculo do capital do risco de crédito da parcela 1 e da parcela 2, efetua-se o cálculo do capital total do risco de crédito:

$CR_{cred} = \sqrt{1,93^2 + 5,5^2 + 1,5 \times 1,93 \times 5,5}$

CR_{Cred} = **R$ 7,064 milhões**

Para a **seguradora Paulista** consideraram-se as seguintes premissas:

- Exposição ao risco de crédito com resseguradora admitida no montante de R$ 100 milhões.
- Resseguradora admitida: contraparte do tipo 2 e grau 1 de risco (ver Tabela 4.1).
- Aplicação de renda fixa emitida por um banco privado no montante de R$ 100 milhões, com vencimento menor do que três meses.
- Fator de ponderação de risco referente ao banco = 30%

Como a resseguradora admitida é uma entidade supervisionada pela Susep, trata-se da parcela 1:

$CR_{Cred1} = \sqrt{(2,53\% \times 100) \times (2,53\% \times 100) \times 1,00}$

CR_{Cred1} = R$ 2,53 milhões

Para o banco privado, cuja entidade não é supervisionada pela Susep, trata-se da parcela 2:

$CR_{Cred2} = 11\% \times 30\% \times 100$

CR_{Cred2} = R$ 3,3 milhões

Após o cálculo do capital de crédito da parcela 1 e da parcela 2, efetua-se o cálculo do capital total proveniente do risco de crédito:

$CR_{cred} = \sqrt{2,53^2 + 3,3^2 + 1,5 \times 2,53 \times 3,3}$

CR_{Cred} = R$ 5,460 milhões

4.3.2.2.3 Capital de risco operacional

Risco operacional é a possibilidade de ocorrência de perdas resultantes de falha, deficiência ou inadequação de processos internos, pessoas e sistemas, ou decorrentes de fraudes ou eventos externos, incluindo-se o risco legal e excluindo-se os riscos decorrentes de decisões estratégicas e à reputação (imagem) da seguradora. O risco legal, por sua vez, é a possibilidade de ocorrência de perdas decorrentes de multas, penalidades ou indenizações resultantes de ações de órgãos reguladores e de controle, bem como perdas decorrentes de decisão desfavorável em processos judiciais ou administrativos.

Os eventos externos são aqueles ocorridos externamente à empresa, como paralisações por motivo de tumultos, greves, rebeliões, atos terroristas, motins, catástrofes naturais, incêndios, apagões ou qualquer outro evento não diretamente relacionado às atividades da seguradora e que possa causar falha ou colapso nos serviços essenciais ao desenvolvimento de suas atividades operacionais.

O capital de risco operacional é o montante variável de capital que uma seguradora deve manter, a qualquer tempo, para garantir o risco operacional a que está exposta. A metodologia de cálculo pelo modelo-padrão, o da Susep, é o produto resultante dos prêmios e provisões técnicas *versus* os fatores definidos pela Susep. Já a metodologia pelo modelo avançado será divulgada no futuro pela autarquia.

O capital de risco operacional é calculado utilizando-se a seguinte fórmula:

Risco operacional

$$CR_{oper} = \min\ [30\% \times CR_{outros};\ \max\ (OP_{prêmio};\ OP_{provisão})]$$

Sendo:

- CR_{oper}: capital de risco operacional
- CR_{outros}: capital de risco calculado conforme norma específica, excluída a parcela relativa ao risco operacional e considerando todos os demais riscos aos quais uma supervisionada está exposta, bem como as correlações entre eles
- $OP_{prêmio}$: parcela do capital de risco operacional, derivada dos prêmios ganhos
- $OP_{provisão}$: parcela do capital de risco operacional, derivada das provisões técnicas

O cálculo do risco operacional, assim como os demais riscos, é de responsabilidade do atuário habilitado.

A Susep criou um Banco de Dados de Perdas Operacionais (BDPO). Esse banco serve para armazenamento de informações relativas às perdas operacionais das seguradoras. Está obrigada a preparar o BDPO a seguradora que apresentar, simultaneamente, prêmio anual e provisões técnicas superiores a R$ 200 milhões, auferidos no encerramento dos 2 (dois) exercícios anteriores.

O BDPO deve ser enviado para a Susep pelas seguradoras devidamente auditado por auditores independentes.

4.3.2.2.4 Capital de risco de mercado

Risco de mercado é a possibilidade de ocorrência de perdas resultantes da flutuação nos valores de mercado de posições detidas pela seguradora, incluindo os riscos das operações sujeitas à variação cambial, das taxas de juros, dos preços de ações e dos preços de mercadorias (*commodities*).

O capital de risco de mercado é o montante variável de capital que uma seguradora deverá manter, a qualquer tempo, para garantir o risco de mercado a que está exposta.

No cálculo do capital de risco de mercado não devem ser considerados fluxos de caixa relativos aos ativos que são excluídos do cálculo do PLA, tais como intangíveis, participação societária, obras de arte, pedra preciosa etc.

O montante efetivamente exigido do capital de risco de mercado corresponde a:

- 0% do capital de risco de mercado até 30/12/2016;
- 50% do capital de risco de mercado entre 31/12/2016 e 30/12/2017; e
- 100% do capital de risco de mercado a partir de 31/12/2017.

Como pode ser observado, o capital de risco de mercado só será requerido integralmente das seguradoras a partir de 31/12/2017.

O capital de risco de mercado é calculado de acordo com a seguinte fórmula:

Risco de mercado

$$CR_{merc.\,geral} = \sqrt{(E^t \times F \times E)}$$

Sendo:

- $CR_{merc.geral}$: capital de risco de mercado
- F: matriz de fatores de risco de mercado disponíveis em diversas tabelas apresentadas pelo regulador
- E: vetor das exposições líquidas (EL) no formato definido pela Susep

4.3.2.2.5 Composição do capital de risco (juntando todos os riscos)

O cálculo global do capital de risco não é simplesmente a soma do capital requerido para cada risco individualmente. Para uma forma integrada há ponderações e correlações entre os riscos.

Assim sendo, o capital de risco para as seguradoras é apurado de acordo com a seguinte fórmula:

Capital de risco

$$CR = \sqrt{\sum_i \sum_j \rho_{ij} \times CR_i \times CR_j} + CR_{oper}$$

Sendo:

- CR: capital de risco
- CR_i e CR_j: parcelas do capital baseadas nos riscos "i" e "j", respectivamente
- ρij: elemento da linha "i" e coluna "j" da matriz de correlação
- CR_{oper}: parcela do capital de risco operacional

No cálculo do capital de risco, CR_i e CR_j são substituídos por:

- CR_{subs}: parcela do capital de risco de subscrição
- CR_{cred}: parcela do capital de risco de crédito
- CR_{merc}: parcela do capital de risco de mercado

Capítulo 4

A matriz de correlação utilizada para cálculo do capital de risco é determinada da seguinte forma:

j \ i	CR_{subs}	CR_{cred}	CR_{merc}
CR_{subs}	1,00	0,50	0,25
CR_{cred}	0,50	1,00	0,25
CR_{merc}	0,25	0,25	1,00

As seguradoras poderão encaminhar metodologia própria para apuração das parcelas do capital de risco, desde que sejam observados os seguintes requisitos mínimos:

- Todas as parcelas do capital de risco devem estar integralizadas.
- O nível de confiança adotado não poderá ser inferior a 99%.
- A metodologia deverá abranger todas as parcelas do capital de risco e suas correlações.

Contudo, a metodologia própria só poderá ser utilizada após a autorização da Susep.

4.3.3 Plano de regularização de solvência (insuficiência de capital)

As seguradoras devem apresentar, mensalmente: (i) um patrimônio líquido ajustado (PLA) igual ou superior ao capital mínimo requerido (CMR); e (ii) liquidez em relação ao capital de risco (CR).

Caso haja insuficiência de PLA em relação ao CMR de até 50% ou insuficiência de liquidez em relação ao CR, as seguradoras devem apresentar um plano de regularização de solvência (PRS) contendo um plano de ação que vise à recomposição da situação de solvência da seguradora. O PRS deve ser aprovado pela diretoria da seguradora e enviado à Susep.

O PRS só será requerido se for apurada insuficiência de até 50% por 3 (três) meses consecutivos ou, especificamente, nos meses de junho e dezembro. No caso de agravamento da insuficiência de PLA (entre 50% e 70%), as seguradoras ficarão sujeitas ao *regime especial de direção fiscal*. Caso a insuficiência seja superior a 70%, as seguradoras ficarão sujeitas à *liquidação extrajudicial*.

O patrimônio líquido ajustado (PLA) deve ser suficiente para cobrir o capital mínimo requerido (maior valor entre o capital-base e o capital de risco). Caso uma seguradora apure um capital mínimo requerido (CMR) de R$ 100 milhões, deve também deter um PLA de R$ 100 milhões. Se o PLA for inferior, a seguradora estará com insuficiência de capital.

A liquidez em relação ao capital de risco ocorre quando a seguradora apresenta excesso de ativos garantidores em relação à necessidade de cobertura das provisões técnicas, superior a 20% do capital de risco.

Exemplo:

- Provisões técnicas a serem cobertas – R$ 100 milhões.
- Ativos garantidores – R$ 115 milhões.
- Capital de risco – R$ 60 milhões.
- Liquidez em relação ao capital de risco:
  - Excesso em relação à necessidade de cobertura das provisões técnicas = 115 – 100 = 15 milhões.
  - 20% do capital de risco = 20% de 60 = 12 milhões.
  - Há liquidez, uma vez que o excesso dos ativos garantidores é maior que 20% do capital de risco.

O plano deve conter, obrigatoriamente, dentre outros, os motivos que levaram a seguradora à insuficiência e o prazo para a solução do problema, além de metas trimestrais de redução do percentual de insuficiência do PLA em relação ao capital mínimo e/ou metas bimestrais no caso de redução do percentual de insuficiência de liquidez em relação ao capital de risco.

Resumindo:

Insuficiência	Situação	O que é feito nesta situação
Até 50%	Plano de Recuperação de Solvência (PRS)	A Susep determina que as seguradoras com: (i) insuficiência do seu PLA em relação ao capital mínimo requerido de até 50%; e (ii) insuficiência de liquidez apresentem o PRS ao regulador em até 45 dias a contar da data do recebimento da solicitação.
Entre 50% e 70%	Regime especial de direção fiscal	As seguradoras se sujeitarão ao regime especial de direção fiscal quando a insuficiência do seu PLA em relação ao capital mínimo requerido for de 50% a 70%.
Acima de 70%	Liquidação extrajudicial	As seguradoras se sujeitarão à liquidação extrajudicial quando a insuficiência de seu PLA, em relação ao capital mínimo requerido, for superior a 70%.

Diante dos requerimentos da Susep as seguradoras devem avaliar como procederão para cobrir uma eventual insuficiência de capital. As soluções analisadas passam pelas seguintes situações:

Capítulo 4

Ações que podem ser feitas para a regularização da solvência	
Aportar capital	Abrir o capital (realizar um IPO – *Initial Public Offering*)
Operar em outros ramos	Associar-se a outra seguradora
Operar em outras regiões	Não distribuir dividendos, retendo os lucros
Readequar o resseguro	Vender a seguradora
Vender alguma carteira	Diminuir a produção
Reavaliar a estrutura do ativo	

4.3.4 Considerações sobre a transição entre margem de solvência e capital baseado em riscos

O Brasil foi inserido no rol de países que possuem as melhores práticas internacionais em relação a diversos assuntos relativos às operações de seguro. Além dessa questão de solvência em que os cálculos são baseados em riscos, a contabilidade também já adotou as normas internacionais de contabilidade emitidas pelo IASB e requeridas em diversos países do mundo.

A adoção das IFRSs (International Financial Reporting Standards) pelas seguradoras do Brasil, iniciada no exercício de 2010 nas demonstrações consolidadas e a partir do exercício de 2011 nas demonstrações individuais, juntamente com os novos requerimentos de capital e a boa qualidade das normas que versam sobre provisões técnicas e ativos garantidores, é de fundamental importância para proteger as seguradoras das turbulências provocadas pelas crises financeiras que ocorrem frequentemente pelo mundo e atingem diversos países. Isso porque o IASB exige muito mais *disclosure* das operações de seguro, contemplando, entre outros assuntos, a análise de sensibilidade e um bom detalhamento dos riscos que uma seguradora enfrenta no seu dia a dia. Seguradoras sem condições de continuidade devem abandonar o mercado.

Outro exemplo é o requerimento de capital das seguradoras brasileiras, o qual está baseado nos princípios do modelo que consta no projeto "Solvência II" que está sendo desenvolvido na Europa. O mercado segurador brasileiro já passou da fase de transição com relação a esse assunto ao obedecer às normas de requerimento de capital baseado em risco, apresentado neste capítulo.

Conforme recomendação da IAIS, associação internacional dos supervisores de seguros dos diversos países, o Brasil também está contemplando os três pilares do modelo de regulação, a exemplo do projeto Solvência II. O requerimento de capital é o pilar número 1; as atividades de supervisão são o pilar número 2; e a transparência e divulgação são o pilar número 3, conforme quadro a seguir:

Patrimônio líquido ajustado (PLA), limite de retenção e capital mínimo requerido

Quadro 4.3 Os três pilares do modelo de regulação baseado em princípios

Quantificação de riscos	Governança	Divulgação
Pilar I	Pilar II	Pilar III
Requerimentos de capital	Atividades de supervisão	Reporte financeiro e divulgação ao público
Margem de solvência	Controles internos e gestão de riscos	Transparência
Capital mínimo	Revisão dos processos	Divulgação

Essas iniciativas estão fazendo que as seguradoras brasileiras sejam vistas como mais confiáveis para os segurados e seus acionistas, deixando-os mais despreocupados com a solvência das seguradoras, ou seja, os segurados ficarão mais tranquilos diante da certeza do recebimento de indenizações e os acionistas pelo recebimento de seus dividendos em função da boa rentabilidade dos seus investimentos.

Assim, os reguladores brasileiros tendem a se esforçar na modernização da legislação, em que medidas de reforço de capital e da adoção das normas internacionais de contabilidade estão sendo importantes para: (i) manter a solidez do mercado; (ii) garantir a sua sustentabilidade; e (iii) reforçar o poder de atração do seguro brasileiro ao investidor estrangeiro.

EXERCÍCIOS

1. É possível uma seguradora apresentar PLA negativo e patrimônio líquido contábil positivo?
2. Para que serve o PLA?
3. Calcular o capital-base para uma seguradora regional que deseja operar em ramos elementares (danos) e de pessoas no estado do Tocantins.
4. Calcular o valor do capital adicional proveniente do risco de subscrição e do risco de crédito para uma seguradora que opere exclusivamente no estado de São Paulo no ramo de transportes nacionais.

    Dados:
    - Prêmio retido: R$ 150 milhões
    - Sinistros retidos: R$ 50 milhões
    - Fatores de risco para emissão e provisão de sinistro: sem modelo interno (tabelas a seguir)
    - Fator de correlação entre segmentos de mercado e classes de negócios = 1

Capítulo 4

- Crédito com sociedades seguradoras supervisionadas pela Susep: R$ 80 milhões
- O fator de risco em função do tipo e do grau de risco da contraparte: 1,93% (ver Tabela 4.1)
- Aplicação de renda fixa emitida por um banco privado no montante de R$ 50 milhões, com vencimento maior do que três meses.
- Fator de ponderação do risco de crédito: 40%

Fatores para os prêmios retidos

Ramo (classe de negócios)	Região de atuação	Fator sem modelo interno	Fator com modelo interno
Transportes nacionais (9)	São Paulo (3)	0,42	0,36

Fatores para os sinistros retidos

Ramo (classe de negócios)	Região de atuação	Fator sem modelo interno	Fator com modelo interno
Transportes nacionais (9)	Não considera	0,50	0,42

5. Suponha que a seguradora X apresente os seguintes valores para os capitais de risco:

CR_{oper} = R$ 5.000.000

CR_{cred} = R$ 10.000.000

CR_{subs} = R$ 15.000.000

CR_{merc} = R$ 15.000.000

Pede-se: calcule o valor do capital de risco considerando todos os riscos conjuntamente.

PROVISÕES TÉCNICAS

Objetivos de Aprendizagem

- ☑ Definir provisões, conforme o pronunciamento técnico CPC 25 e outras normas da Susep e do CNSP.
- ☑ Conceituar e apresentar alguns dos cálculos de provisões.

5.1 DEFINIÇÃO DE PROVISÃO

Para entender o que são provisões técnicas se faz necessário definir o que é um passivo. De acordo com o CPC 25 – Provisões, Passivos Contingentes e Ativos Contingentes, passivo é uma obrigação presente da entidade, derivada de eventos já ocorridos, cuja liquidação se espera que resulte em saída de recursos da entidade capazes de gerar benefícios econômicos.

Em relação às provisões, o CPC 25 define provisão como um passivo de prazo ou de valor incertos. Assim, as provisões podem ser entendidas como um passivo cujo prazo para liquidação ou valor do desembolso futuro necessário para a sua liquidação é incerto.

Em relação ao reconhecimento nas demonstrações contábeis, o CPC 25, item 14, estabelece que uma provisão deve ser reconhecida quando:

a) a entidade tem uma obrigação presente (legal ou não formalizada) como resultado de evento ocorrido;
b) for provável a necessidade de uma saída de recursos que incorporam benefícios econômicos para liquidar a obrigação; e
c) possa ser feita uma estimativa confiável do valor da obrigação.

Capítulo 5

Caso essas condições não sejam satisfeitas, nenhuma provisão deve ser reconhecida.

É importante salientar que uma provisão pode ser decorrente de aspectos legais, formais ou até não formalizados. Nesse sentido, o Pronunciamento CPC 25, item 10, dispõe que "um evento que cria obrigações é um evento que cria uma obrigação legal ou não formalizada que faça que uma entidade não tenha nenhuma alternativa realista senão liquidar essa obrigação".

No mesmo parágrafo, o pronunciamento apresenta a caracterização de obrigações legais e de obrigações não formalizadas:

Uma obrigação legal é uma obrigação que deriva de:

(a) um contrato (por meio de termos explícitos ou implícitos);

(b) legislação; ou

(c) outra ação da lei.

Uma obrigação não formalizada é uma obrigação que decorre das ações de uma entidade em que:

(a) por via de um padrão estabelecido de práticas passadas, de políticas publicadas ou de uma declaração atual suficientemente específica, a entidade tenha indicado a outras partes que aceitará certas responsabilidades; e

(b) em consequência, a entidade cria uma expectativa válida nessas outras partes de que cumprirá com essas responsabilidades.

Podemos citar como exemplos de provisões derivadas de aspectos legais as provisões para processos judiciais e as provisões para garantias estabelecidas em contratos. Como exemplos de provisões derivadas de aspectos não formalizados podemos citar as provisões para passivos de meio ambiente e provisões para custos de reestruturação.

Nesse sentido, um ponto fundamental para que a provisões possam ser reconhecidas nas demonstrações contábeis é que a empresa precisa realizar uma mensuração confiável do valor da obrigação, uma vez que as provisões devem ser reconhecidas com base nas melhores estimativas disponíveis. Essas estimativas são determinadas pelo julgamento da administração, podendo ser utilizados relatórios de "*experts*" ou instrumentos estatísticos e conceitos matemáticos de valor esperado e ajuste a valor presente, para auxílio na mensuração dos valores das provisões.

As provisões devem ser revistas a cada balanço, ou quando fatos e informações relevantes forem conhecidos e possibilitem rever os valores registrados anteriormente, de modo que reflitam, em cada novo balanço, a melhor estimativa.

O reconhecimento de uma provisão e sua contabilização dependem da análise de algumas características relacionadas com a probabilidade de desembolsos para liquidação da obrigação (provável, possível e remota) e da possibilidade de uma mensuração confiável do valor dessa provisão.

Provisões técnicas

O Pronunciamento CPC 25 apresenta, no Apêndice B, uma árvore de decisão para auxiliar no reconhecimento e na evidenciação das provisões e passivos contingentes, a qual é apresentada resumidamente a seguir:

Tipo de risco	Tratamento atual	
	Contabiliza	Notas explicativas
1. Risco quantificável e provável	Sim	Sim
2. Risco não quantificável e provável	Não	Sim, se relevante
3. Risco possível	Não	Sim, se relevante
4. Risco remoto	Não	Nada é informado

De acordo com o quadro acima, os riscos do tipo 1 são contabilizados como provisões e os riscos dos tipos 2, 3 e 4 são caracterizados como contingentes e *não devem* ser reconhecidos nas demonstrações contábeis. No entanto, os riscos dos tipos 2 e 3 devem ser divulgados em notas explicativas, quando relevantes, e os riscos do tipo 4 não devem ser reconhecidos nem apresentados em notas explicativas.

Caso não seja mais provável a saída de recursos para liquidar uma obrigação, a provisão constituída para honrar essa obrigação deverá ser revertida para o resultado do período.

De acordo com o CPC 25, item 25, o uso de estimativas é uma parte essencial da elaboração de demonstrações contábeis e não prejudica a sua confiabilidade. Isso é especialmente verdadeiro no caso de provisões, que pela sua natureza são mais incertas do que a maior parte de outros elementos do balanço patrimonial, exigindo julgamento da administração.

Em relação às seguradoras, as Provisões Técnicas englobam os riscos tipo 1, ou seja, riscos prováveis em função da atividade de "seguros", que precisam ser mensurados e reconhecidos nas demonstrações contábeis da entidade. As provisões técnicas constituem-se no principal passivo dessas entidades, representando mais de 80% do total de ativos, conforme pode ser observado na tabela do Balanço Patrimonial do Mercado Segurador (seguros, previdência e capitalização), apresentada a seguir, para alguns exercícios findos em dezembro de 2000 até 2015.

Tabela 5.1 Balanço patrimonial do mercado segurador

Dezembro de 2000 – R$ bilhões					
ATIVO	Valor	%	PASSIVO	Valor	%
Aplicações financeiras	32,5	62,5	Provisões técnicas	29,9	57,4
Outros ativos	8,5	16,3	Outros passivos	7,8	15,0
Permanente*	11,1	21,2	Patrimônio líquido	14,4	27,6
TOTAL	52,1	100	TOTAL	52,1	100

Capítulo 5

Dezembro de 2003 – R$ bilhões

ATIVO	Valor	%	PASSIVO	Valor	%
Aplicações financeiras	73,2	73,3	Provisões técnicas	64,9	65,1
Outros ativos	12,4	12,5	Outros passivos	10,7	10,7
Permanente*	14,2	14,2	Patrimônio líquido	24,2	24,2
TOTAL	99,8	100	TOTAL	99,8	100

Dezembro de 2006 – R$ bilhões

ATIVO	Valor	%	PASSIVO	Valor	%
Aplicações financeiras	139,7	75,9	Provisões técnicas	128,6	69,9
Outros ativos	21,5	11,7	Outros passivos	16,7	9,1
Permanente*	22,8	12,4	Patrimônio líquido	38,7	21,0
TOTAL	184,0	100	TOTAL	184,0	100

Dezembro de 2009 – R$ bilhões

ATIVO	Valor	%	PASSIVO	Valor	%
Aplicações financeiras	239,0	75,9	Provisões técnicas	232,3	73,7
Outros ativos	40,8	12,9	Outros passivos	21,7	6,9
Permanente*	35,3	11,2	Patrimônio líquido	61,1	19,4
TOTAL	315,1	100	TOTAL	315,1	100

Dezembro de 2012 – R$ bilhões

ATIVO	Valor	%	PASSIVO	Valor	%
Aplicações financeiras	420,7	79,0	Provisões técnicas	414,4	77,8
Outros ativos	67,4	12,6	Outros passivos	36,2	6,8
Permanente*	44,5	8,4	Patrimônio líquido	82,0	15,4
TOTAL	532,6	100	TOTAL	532,6	100

Provisões técnicas

Dezembro de 2015 – R$ bilhões					
ATIVO	Valor	%	PASSIVO	Valor	%
Aplicações financeiras	646,6	83,8	Provisões técnicas	650,5	84,2
Outros ativos	88,3	11,4	Outros passivos	43,1	5,6
Permanente*	37,3	4,8	Patrimônio líquido	78,6	10,2
TOTAL	772,2	100	TOTAL	772,2	100

Fonte: Susep (portanto não inclui o seguro-saúde).

* A nomenclatura "Permanente" não existe mais na contabilidade brasileira. Foi utilizada esta nomenclatura para as seguintes rubricas do ativo: Investimentos, Imobilizados, Intangíveis e Diferido (este último também está em extinção).

As regras e procedimentos para a constituição das provisões técnicas são estabelecidos pela Resolução CNSP nº 321/2015.

Para cada provisão técnica especificada na Resolução, a sociedade seguradora, a entidade aberta de previdência complementar ou a sociedade de capitalização deverá manter nota técnica atuarial, elaborada pelo atuário responsável técnico. As Notas Técnicas Atuariais (NTAs) utilizadas para o cálculo das provisões técnicas não precisam ser encaminhadas para a Susep, porém a seguradora tem prazo de até cinco dias úteis, contados do recebimento da solicitação, para encaminhá-las à autarquia.

A seguir são apresentadas as principais provisões técnicas constituídas por uma seguradora.

5.2 PROVISÕES TÉCNICAS

As provisões técnicas são passivos constituídos pelas empresas do mercado de seguro para garantia das operações e são requeridas pela Resolução CNSP nº 321/2015 e Circular Susep nº 517/2015.

Essas provisões são provenientes de prêmios ou de sinistros e formam os maiores passivos das empresas do mercado segurador.

5.2.1 Provisão de prêmios não ganhos – PPNG

A provisão de prêmios não ganhos (PPNG) deve ser constituída para a cobertura dos sinistros e despesas que ocorrerão ao longo dos prazos dos seguros relativos aos riscos vigentes na data-base de cálculo. Assim, a PPNG é proveniente do diferimento dos prêmios emitidos líquidos, contemplando o diferimento dos prêmios de resseguro cedido.

Capítulo 5

O prêmio emitido líquido ou prêmio comercial retido corresponde ao valor recebido ou a receber do segurado nas operações de seguro direto ou das operações de cosseguro[1] aceito, líquido de cancelamentos, de restituições e de parcelas de prêmios transferidas a terceiros em operações de cosseguro cedido.

Assim, do prêmio emitido é deduzida a parcela cedida em cosseguro e adicionada a parcela aceita em cosseguro, resultando no prêmio emitido líquido. O prêmio de resseguro[2] cedido compõe o prêmio emitido líquido.

A Resolução CNSP nº 321/2015 estabelece que, no cálculo e constituição das provisões técnicas, as seguradoras não podem deduzir a parcela do prêmio cedida em resseguro, nem a parcela do sinistro a ser recuperada de resseguro. Porém, podem deduzir a parte das provisões relativas aos prêmios de resseguro e também dos sinistros ressegurados para fins de cobertura dessas provisões.

A Susep define PPNG como sinistros a ocorrer. Essa definição baseia-se no modelo de cálculo da PPNG que simplesmente é a parte da vigência futura dos prêmios, a partir da data-base do cálculo.

O valor da PPNG é calculado *pro rata die*, assim como o cálculo dos custos de aquisição diferidos. A PPNG é o valor diferido do prêmio emitido líquido e do prêmio de resseguro cedido que representa a quantidade de dias em que a apólice estará vigente, após a data-base do cálculo.

Para cada apólice, o cálculo é efetuado até o final de sua vigência, sempre no último dia do mês.

$$PPNG_1 = \frac{\text{Prêmios emitidos líquidos}}{\text{Período total de cobertura de risco}} \times \text{Período de risco a decorrer}$$

$$PPNG_2 = \frac{\text{Prêmios de resseguro cedido}}{\text{Período total de cobertura de risco}} \times \text{Período de risco a decorrer}$$

---

[1] De acordo com a Resolução CNSP nº 68/2001, cosseguro é a divisão de um risco segurado entre várias seguradoras, sendo que cada uma se responsabiliza por uma quota-parte determinada do valor total do seguro. Uma delas, indicada na apólice, é denominada líder. A seguradora líder assume a responsabilidade de administrar o contrato e representar todas as demais cosseguradoras no relacionamento com o segurado, inclusive no caso de sinistro.

[2] De acordo com a Resolução CNSP nº 168/2007, resseguro é a operação de transferência de riscos de uma cedente (seguradora), com vistas a sua própria proteção, para um ou mais resseguradores, através de contratos automáticos ou facultativos.

Quando uma seguradora emite uma apólice, todo o prêmio é registrado em uma conta de receita de prêmio de seguro. Assim, registra-se o prêmio emitido da vigência total como receita e deduz-se o valor do cosseguro cedido. Após esses eventos efetua-se o cálculo da PPNG para o prêmio emitido líquido. Em seguida, caso haja resseguro, efetua-se o cálculo da PPNG para o prêmio de resseguro.

A PPNG a ser constituída é o resultado dos dois cálculos e representa o prêmio que será ganho pela seguradora e reconhecido na Demonstração do Resultado durante a vigência do seguro, de acordo com o regime de competência. Nesse sentido, a cada período somente uma parte do prêmio é efetivamente reconhecida como receita.

Resumidamente tem-se:

Prêmios emitidos
(–) Prêmios de cosseguro cedido
(=) Prêmios emitidos líquidos

Prêmios emitidos líquidos
(–) Variação da $PPNG_1$
(=) Prêmio ganho$_1$

Prêmio ganho$_1$
(+) Variação da $PPNG_2$
(=) Prêmio ganho$_2$

Um ponto que merece destaque é que a $PPNG_1$ é contabilizada no passivo e a $PPNG_2$ é contabilizada no ativo. Assim, com o decorrer do prazo de cobertura do risco há a reversão das provisões (PPNGs) passivas e ativas para o resultado do período, de modo que o prêmio ganho pela seguradora é a diferença entre a $PPNG_1$ e a $PPNG_2$, reconhecidas no início de vigência da apólice.

Assim, resumidamente, tem-se:

Prêmios emitidos líquidos
(–) PPNG ($PPNG_1$ – $PPNG_2$)
(=) Prêmio ganho

O cálculo da provisão deve contemplar a estimativa para os riscos vigentes mas não emitidos (**PPNG-RVNE**), sendo obtida por método previsto em nota técnica atuarial mantida pela seguradora. Substancialmente o cálculo deve ter o mesmo procedimento do cálculo da PPNG normal.

Quando o risco de cobertura contratual for definido no certificado e, portanto, a apólice não representar o risco, o cálculo e a contabilização pela vigência da cobertura deverão obedecer o prazo definido no certificado, individualmente.

A Susep disponibiliza tabelas para as seguradoras que não possuem base de dados suficiente para utilizarem modelos próprios para calcular a PPNG-RVNE.

5.2.2 Provisão de sinistros a liquidar – PSL

É proveniente das estimativas de indenizações para os sinistros avisados à seguradora, líquida de cosseguro cedido. Devem ser deduzidos, também, os salvados e ressarcimentos estimados para os sinistros pendentes.

Os valores constituídos permanecem exigíveis até que a seguradora efetue o pagamento da indenização para o segurado, beneficiário ou favorecido da indenização. É comumente chamada pelos atuários de reserva de sinistro.

A provisão deve ser calculada por meio de NTA. Na hipótese de outra metodologia, a seguradora deve encaminhar à Susep solicitação para a utilização de método próprio, cuja aplicação dependerá de prévia autorização da autarquia.

Historicamente as seguradoras constituem a PSL pelas estimativas dos sinistros avisados, e em algumas seguradoras a PSL é calculada atuarialmente.

A PSL deve incluir, quando necessário, os ajustes de sinistros ocorridos e não suficientemente avisados (IBNER).

5.2.3 Provisão de sinistros ocorridos mas não avisados – IBNR

É o montante esperado de sinistros ocorridos em riscos assumidos na carteira e não avisados pelo segurado. Essa provisão foi instituída por meio da Resolução CNSP nº 18/1998.

Esse montante é calculado por meio de NTA. Cada seguradora pode utilizar o método que considerar mais adequado para o cálculo do montante da provisão, sendo que a estimativa deve ser baseada na informação sobre a sinistralidade de períodos anteriores completos de, no mínimo, um ano.

A provisão de IBNR, sigla proveniente da língua inglesa (*Incurred But Not Reported*), é calculada considerando a responsabilidade da seguradora, líquida de cosseguro cedido, salvados e ressarcimentos. Considera, também, os montantes relativos às ações judiciais, bem como os sinistros resultantes de sentença transitada em julgado.

A Susep disponibiliza tabelas para as seguradoras que não possuem base de dados suficiente para utilizar modelos próprios para calcular a provisão de IBNR.

5.2.4 Provisão complementar de cobertura – PCC

A PCC é calculada e constituída quando for constatada insuficiência nas provisões técnicas, tais como a PPNG, a PMBC e a provisão matemática de benefícios a conceder – PMBaC, de acordo com o valor apurado no Teste de Adequação de Passivos (TAP) previsto nas normas nacionais e internacionais. A PCC é determinada pelo CNSP para complementar as provisões técnicas, caso elas não sejam suficientes para garantir os compromissos futuros da seguradora.

Apesar de a PCC ser uma provisão mensal como todas as outras, o teste de adequação de passivos é preparado semestralmente, nos meses de junho e dezembro de cada ano, quando da divulgação das demonstrações contábeis das seguradoras. O teste avalia os compromissos futuros das seguradoras, utilizando métodos estatísticos e atuariais relevantes, baseado em dados atualizados, informações realistas e fidedignas.

O TAP é apurado pela diferença entre o valor das estimativas correntes dos fluxos de caixa e a soma do saldo contábil das provisões técnicas na data-base, deduzindo-se os custos de aquisição diferidos; os ativos intangíveis diretamente relacionados com as provisões técnicas e o valor da marcação a mercado, se positiva, das aplicações financeiras classificadas na categoria "mantidos até o vencimento".

As bases técnicas atuariais do teste consideram as tábuas atuariais BR-EMS, bem como as estimativas correntes dos fluxos de caixa devem ser descontadas a valor presente com base nas estruturas a termo da taxa de juros (ETTJ) livres de risco definidas pela Susep.

5.2.5 Provisão de despesas relacionadas – PDR

A PDR é calculada e constituída para a cobertura dos valores esperados relativos a despesas relacionadas com os sinistros. A diferença dessa provisão com a PSL é que na PSL a indenização é paga para o segurado, beneficiário do seguro, e a PDR é paga para terceiros que prestaram serviços com os sinistros, tais como médicos, advogados, peritos etc.

A PDR abrange as despesas relacionadas à liquidação de indenizações ou benefícios, em função de sinistros ocorridos e a ocorrer.

5.2.6 Provisão de excedente técnico – PET

A PET é calculada e constituída quando há previsão contratual de distribuição de parte dos excedentes técnicos dos planos (apólices coletivas e carteiras). Os excedentes técnicos são caracterizados pelos "**ganhos de subscrição**", ou seja, quando os prêmios superam a margem (lucro) e os carregamentos previstos, tais como sinistros, comissões, despesas administrativas, impostos e contribuições.

Escrito de outra forma, a diferença entre a margem real apurada no plano e a margem que a seguradora havia previsto, quando positiva, constitui o excedente técnico.

5.2.7 Provisão de excedente financeiro – PEF

A PEF é calculada e constituída quando há previsão contratual de distribuição de parte dos excedentes financeiros dos planos. Os excedentes financeiros são caracterizados pelos "**ganhos de rentabilidade**", ou seja, quando a rentabilidade apurada nos ativos financeiros utilizados para a cobertura das provisões técnicas dos planos é superior à rentabilidade mínima garantida dos planos.

Escrito de outra forma, o diferencial entre rentabilidades, quando a rentabilidade real supera a rentabilidade mínima garantida, resulta no excedente financeiro.

5.2.8 Provisão de valores a regularizar – PVR

A PVR abrange, essencialmente, os valores relativos aos resgates solicitados e ainda não pagos, as devoluções de prêmios e as portabilidades solicitadas e não transferidas para a seguradora receptora.

5.2.9 Provisão matemática de benefícios a conceder – PMBaC

Esta provisão abrange os compromissos assumidos pela entidade aberta de previdência complementar ou seguradora com os participantes ou segurados do respectivo plano enquanto não ocorrido o evento gerador do benefício, sendo calculada conforme metodologia aprovada em nota técnica atuarial do plano ou produto.

Para os seguros de vida, é calculada pela diferença entre o valor atual dos benefícios futuros e o valor atual das contribuições futuras, correspondentes às obrigações assumidas.

Para o seguro de vida com cobertura de sobrevivência, representa o montante das contribuições efetuadas pelos participantes, líquidas de carregamento e outros encargos contratuais, acrescido dos rendimentos financeiros gerados pela aplicação dos recursos. Em outras palavras, essa provisão é constituída com os aportes dos participantes e com os juros mensais na fase de acumulação do plano, ou seja, durante o período no qual os participantes ainda não entraram em fase de recebimento dos benefícios.

5.2.10 Provisão matemática de benefícios concedidos – PMBC

A PMBC deve corresponder ao valor atual dos benefícios cujo evento gerador tenha ocorrido, sendo calculada conforme metodologia descrita em nota técnica atuarial do plano ou produto, incluindo as rendas de eventos aleatórios e a remissão.

Em outras palavras, essa provisão se refere às obrigações decorrentes de eventos ocorridos, ou seja, o valor a ser pago na forma de benefícios ao participante. Inicialmente, seu valor representa a transferência dos montantes provenientes da PMBaC.

Provisões técnicas

Graficamente as provisões técnicas de planos de previdência complementar aberta, de seguros de vida individual e de vida com cobertura por sobrevivência poderiam ser resumidas da seguinte maneira:

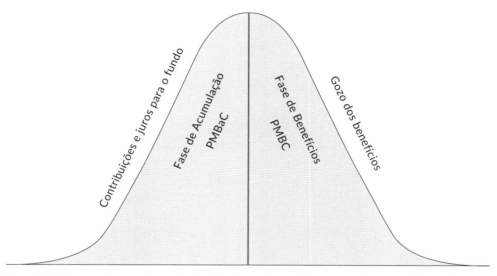

Figura 5.1 Resumo das provisões técnicas de planos de previdência complementar aberta, de seguros de vida individual e de vida com cobertura por sobrevivência.

As provisões técnicas das seguradoras podem ser resumidas da seguinte forma:

VIGÊNCIA DA APÓLICE DE SEGURO			SEGURO DE VIDA	
SINISTROS A OCORRER	SINISTROS OCORRIDOS		FASE DE ACUMULAÇÃO	FASE DE BENEFÍCIOS
	AVISADOS	NÃO AVISADOS		
PPNG	AVISADOS	NÃO AVISADOS	PMBaC	PMBC
PCC	PSL	IBNR	PCC	PCC

EXERCÍCIOS RESOLVIDOS

a) A Seguradora MJG emitiu uma apólice de seguro com as seguintes características:
- Apólice: seguro contra incêndio
- Importância segurada – R$ 100.000,00
- Prêmio emitido – R$ 1.000,00

Capítulo 5

- Prêmio de cosseguro cedido – não houve cessão
- Prêmio de resseguro – não houve cessão
- Emissão – 25/9/20X0
- Pagamento – 1/10/20X0
- Vigência – 1/10/20X0 a 1/10/20X1 (início de vigência: zero hora do dia 2 de outubro)

Pede-se: determinar o valor da PPNG no início da vigência do seguro (1/10/20X0) e em 31/12/20X0.

Resolução: para se calcular a PPNG deve-se utilizar a seguinte equação:

$$PPNG = \frac{\text{Prêmio emitido líquido}}{\text{Período total de cobertura de risco}} \times \text{Período de risco a decorrer}$$

Conforme fórmula para cálculo da PPNG, há três parâmetros que devem ser obtidos:

- O prêmio emitido líquido = prêmio emitido – prêmio de cosseguro cedido = R$ 1.000,00.
- A quantidade de dias da vigência total do seguro = 365 dias.
- A quantidade de dias que o seguro continuará vigorando a partir da data-base do cálculo.

A validade do seguro começa e termina às 24h das datas que estão indicadas na apólice, que nesta apólice corresponde à 0h do dia 2/10/20X0 e termina às 24h do dia 1/10/20X1.

Assim, para o cálculo da PPNG em 1/10/20X0, tem-se:

$$PPNG_{1/10/20X0} = \frac{1.000,00}{365} \times 365 = 1.000,00$$

Assim, no início de vigência da apólice, todo o prêmio emitido líquido é considerado como PPNG. Nesse sentido, não há resultado apurado pela seguradora neste instante, pois a receita de seguro é de R$ 1.000,00 e a PPNG constituída também é de R$ 1.000,00.

Para cálculo da PPNG em 31/12/20X0, tem-se:

Provisões técnicas

$$PPNG_{31/12/20X0} = \frac{1.000,00}{365} \times 274 = 750,68$$

Em 31/12/20X0, o valor da PPNG é de R$ 750,68, ou seja, a diferença entre o saldo anterior de R$ 1.000,00 e o saldo atual de R$ 750,68 é reconhecida no resultado como prêmio ganho.

b) A Seguradora MJG emitiu uma apólice com as seguintes características:
- Apólice: transporte nacional
- Importância segurada – R$ 500.000,00
- Prêmio emitido – R$ 1.200,00
- Prêmio de cosseguro cedido – R$ 400,00
- Prêmio de resseguro – não houve cessão
- Emissão – 10/10/20X0
- Pagamento – 1/11/20X0
- Vigência – 1/11/20X0 a 1/12/20X0 (início de vigência: zero hora do dia 2 de novembro)

Pede-se: determinar o valor da PPNG no início da vigência do seguro (1/11/20X0) e em 30/11/20X0.

Resolução: conforme fórmula para cálculo da PPNG, há três parâmetros que devem ser obtidos:
- O prêmio emitido líquido = prêmio emitido – prêmio de cosseguro cedido = R$ 1.200,00 – R$ 400,00 = R$ 800,00.
- A quantidade de dias da vigência total do seguro = 30 dias.
- A quantidade de dias que o seguro continuará vigorando a partir da data-base do cálculo.

A validade do seguro começa e termina às 24h das datas que estão indicadas na apólice, que nesta apólice corresponde à 0h do dia 2/11/20X0 e termina às 24h do dia 1/12/20X0.

Assim, para o cálculo da PPNG em 1/11/20X0, tem-se:

$$PPNG_{1/11/20X0} = \frac{800,00}{30} \times 30 = 800,00$$

Capítulo 5

Assim, no início de vigência da apólice, todo o prêmio emitido líquido é considerado como PPNG. Nesse sentido, não há resultado apurado pela seguradora neste instante, pois receita de seguro é de R$ 800,00 e a PPNG constituída também é de R$ 800,00.

Para cálculo da PPNG em 30/11/20X0, tem-se:

$$PPNG_{30/11/20X0} = \frac{800,00}{30} \times 1 = 26,67$$

Em 30/11/20X0, o valor da PPNG é de R$ 26,67, ou seja, a diferença entre o saldo anterior de R$ 800,00 e o saldo atual de R$ 26,67 é reconhecida no resultado como prêmio ganho.

c) A Seguradora MJG emitiu uma apólice com as seguintes características:
- Apólice: seguro contra roubo/furto
- Importância segurada – R$ 100.000,00
- Prêmio emitido – R$ 2.500,00
- Prêmio de cosseguro cedido – não houve cessão
- Prêmio de resseguro – R$ 1.000,00
- Emissão – 2/1/20X0
- Pagamento – 10/1/20X1
- Vigência – 2/1/20X0 a 2/1/20X1 (início de vigência: zero hora do dia 3 de janeiro)

Pede-se: determinar o valor da PPNG no início da vigência do seguro (2/1/20X0) e em 30/6/20X1.

Resolução:

Para este caso, tem-se que calcular a $PPNG_1$ e a $PPNG_2$, uma vez que há resseguro.

Conforme fórmula para cálculo da PPNG, há três parâmetros que devem ser obtidos:
- O prêmio emitido líquido = prêmio emitido – prêmio de cosseguro cedido = R$ 2.500,00.
- A quantidade de dias da vigência total do seguro = 365 dias.
- A quantidade de dias que o seguro continuará vigorando a partir da data-base do cálculo.

A validade do seguro começa e termina às 24h das datas que estão indicadas na apólice, que nesta apólice corresponde à 0h do dia 3/1/20X0 e termina às 24h do dia 2/1/20X1.

Assim, para o cálculo da PPNG$_1$ em 3/1/20X0, tem-se:

$$\text{PPNG}_{1\ 3/1/20X0} = \frac{2.500,00}{365} \times 365 = 2.500,00$$

No entanto, em função do resseguro, a seguradora precisa calcular o valor da PPNG$_2$, a qual se refere à parte ressegurada.

$$\text{PPNG}_2 = \frac{\text{Prêmio de resseguro cedido}}{\text{Período total de cobertura de risco}} \times \text{Período de risco a decorrer}$$

Assim, para o cálculo da PPNG$_2$ em 3/1/20X0, tem-se:

$$\text{PPNG}_{2\ 3/1/20X0} = \frac{1.000,00}{365} \times 365 = 1.000,00$$

Assim, no início de vigência da apólice, todo o prêmio emitido líquido é considerado como PPNG. Porém, como nesta apólice uma parte foi ressegurada, precisa-se reconhecer o direito que a seguradora tem em relação à resseguradora.

Vale relembrar que a PPNG$_1$ é reconhecida no passivo e a PPNG$_2$ é reconhecida no ativo.

Nesse sentido, não há resultado apurado pela seguradora neste instante, pois a receita de seguro é de R$ 2.500,00 e a PPNG$_1$ constituída também é de R$ 2.500,00.

Em termos contábeis, a PPNG$_2$ é reconhecida debitando-se o ativo e creditando-se o resultado no valor de R$ 1.000,00, com a finalidade de ajustar o valor da PPNG$_1$ reconhecida no resultado. Adicionalmente, debita-se o resultado e credita-se o passivo no valor de R$ 1.000,00 para que se reconheça a parte do prêmio que precisa ser repassada à resseguradora. Este último registro tem por finalidade ajustar o valor da receita reconhecida com o prêmio.

Para cálculo da PPNG em 30/6/20X0, tem-se:

$$\text{PPNG}_{1\ 30/6/20X0} = \frac{2.500,00}{365} \times 187 = 1.280,82$$

Capítulo 5

$$PPNG_{2\ 30/6/20X0} = \frac{1.000,00}{365} \times 187 = 512,33$$

Em 30/6/20X0, o valor da PPNG$_1$ é de R$ 1.280,82, ou seja, a diferença entre o saldo anterior de R$ 2.500,00 e o saldo atual de R$ 1.280,82 é reconhecida no resultado como prêmio ganho. No entanto, como o valor da PPNG$_2$ também variou de R$ 1.000,00 para R$ 512,33, essa diferença também é reconhecida no resultado, ajustando o valor do prêmio ganho em função do resseguro.

Assim, no período entre 3/1/20X0 a 30/6/20X0, o prêmio ganho pela seguradora foi R$ 731,51, conforme demonstrado a seguir:

PPNG$_1$ = R$ 2.500,00 − R$ 1.280,82 = R$ 1.219,18 (contrapartida da redução do passivo)

PPNG$_2$ = R$ 1.000,00 − R$ 512,33 = R$ 487,67 (contrapartida da redução do ativo)

Prêmio ganho = R$ 1.219,18 − R$ 487,67 = R$ 731,51

EXERCÍCIOS

1. Qual é a importância das provisões técnicas para as seguradoras? E para o segurado?
2. Você acha que as provisões técnicas, após as suas bem dimensionadas constituições, geram despesas para as seguradoras?
3. O resultado do cálculo da PPNG de um mesmo bem segurado em duas seguradoras distintas será o mesmo?
4. Teoricamente, se ampliarmos o cálculo do exercício 3 (PPNG) incluindo a PCC, o valor seria o mesmo?
5. É correto contabilizar PSL para sinistros que não estão cobertos pela apólice? Como uma seguradora deveria proceder neste caso?
6. A Cia. de Seguros Gerais emitiu uma apólice de seguro com as seguintes características:
   - Apólice: seguro contra roubo
   - Importância segurada – R$ 130.000,00
   - Prêmio emitido – R$ 3.650,00
   - Emissão – 1/11/20X0
   - Pagamento – 5/11/20X0
   - Vigência – 1/11/20X0 a 31/10/20X1 (início de vigência: zero hora do dia 1º de novembro e término às 24h do dia 31/10)

Pede-se: determinar o valor da PPNG no início da vigência do seguro (1/11/20X0) e em 31/12/20X0.

7. A Seguradora Palmeirense emitiu uma apólice com as seguintes características:
   - Apólice: Transporte Nacional
   - Importância segurada – R$ 700.000,00
   - Prêmio emitido – R$ 2.200,00
   - Prêmio de cosseguro cedido – R$ 700,00
   - Prêmio de resseguro – não houve cessão
   - Emissão – 10/1/20X0
   - Pagamento – 20/1/20X0
   - Vigência – 10/1/20X0 a 9/4/20X0 (início de vigência: zero hora do dia 10 de janeiro e término às 24h do dia 9/4)

   Pede-se: determinar o valor da PPNG no início da vigência do seguro (10/1/20X0) e em 31/3/20X0.

8. A Seguradora Lava Jato emitiu uma apólice com as seguintes características:
   - Apólice: seguro contra roubo/furto
   - Importância segurada – R$ 2.000.000,00
   - Prêmio emitido – R$ 12.500,00
   - Prêmio de cosseguro cedido – não houve cessão
   - Prêmio de resseguro – R$ 4.000,00
   - Emissão – 1/7/20X0
   - Pagamento – 4/7/20X0
   - Vigência – 1/7/20X0 a 30/6/20X1 (início de vigência: zero hora do dia 1º de julho e término às 24h do dia 30/6/20X1)

   Pede-se: determinar o valor da PPNG no início da vigência do seguro (1/7/20X0) e em 31/12/20X0.

ATIVOS GARANTIDORES

Objetivos de Aprendizagem

☑ Demonstrar a importância dos ativos garantidores para a gestão das aplicações dos recursos nas seguradoras.

☑ Apresentar as classificações dos ativos financeiros de acordo com o CPC 38[1], para fins de classificação e mensuração desses ativos.

Você sabia?

Segundo o anuário estatístico da Susep (verificar em www.susep.gov.br), os ativos garantidores das seguradoras estavam, em 2012, alocados nos seguintes ativos:

» 68,76% em renda fixa (títulos privados);
» 29,53% em renda fixa (títulos públicos);
» 1,69% em renda variável;
» 0,02% em imóveis.

Em 2016 os percentuais não se alteraram significativamente. Isso demonstra bastante aversão ao risco e investimento maior em títulos de renda fixa.

6.1 ATIVOS GARANTIDORES – COBERTURA DAS PROVISÕES TÉCNICAS DE SEGUROS

A cobertura das provisões técnicas é a alocação de ativos da seguradora para garantia das provisões técnicas. Para cada R$ 1 de provisão técnica (considerando alguns

---

[1] O CPC 38 foi revogado a partir de 01/01/2018. Porém, continuará vigente até que a Susep defina a data início de vigência do CPC 48.

Capítulo 6

redutores), a seguradora deve destinar R$ 1 de ativos garantidores. Os recursos devem ser alocados nos seguintes segmentos:

a) renda fixa;
b) renda variável;
c) imóveis;[2]
d) investimentos sujeitos à variação cambial;
e) outros.

Os reguladores exigem que todo ativo garantidor seja vinculado à Susep, ou seja, que fique bloqueado para que a seguradora não possa utilizá-lo em outras finalidades. Há a possibilidade de uma seguradora solicitar autorização à Susep para movimentar livremente os seus ativos garantidores. Nesse caso, a seguradora que possuir autorização de livre movimentação, ao vender ou resgatar um ativo garantidor, deve adquirir ou aplicar, imediatamente, novos ativos garantidores cujos valores sejam iguais ou superiores aos vendidos ou resgatados, e fazer a substituição. É importante salientar que as seguradoras também possuem ativos livres, e estes podem ser utilizados normalmente.

Como as provisões técnicas (passivo) são calculadas sem a exclusão dos prêmios cedidos aos resseguradores, as seguradoras poderão deduzir parte das provisões relativas aos prêmios de resseguro e também dos sinistros ressegurados reconhecidos no ativo da seguradora para fins de determinação do valor de ativos que serão usados para cobertura das provisões técnicas.

Também podem ser deduzidos na cobertura das provisões técnicas os ativos oferecidos como redutores da necessidade de cobertura das provisões técnicas. Tais ativos redutores não podem ser oferecidos em garantia de outras operações.

Os ativos redutores da necessidade de cobertura das provisões técnicas são os seguintes:

a) Direitos creditórios: correspondem ao valor dos prêmios a receber relativo às parcelas dos prêmios vencidos e ainda não pagos. A permissão para reduzir a cobertura ocorre, pois os prêmios são base de cálculo para a PPNG. Se não houve recebimento do prêmio não há como cobrir a provisão técnica.
b) Depósito judicial: corresponde ao valor depositado judicialmente em processos judiciais de sinistros. A permissão para deduzir a cobertura ocorre, pois a seguradora já utilizou de seus recursos com o sinistro ao fazer o depósito. Pode-se utilizar o depósito até o limite do valor da provisão de sinistros a liquidar.

---

[2] A partir de 3/11/2017, de acordo com a Resolução do CMN nº 4.444/15, imóveis não serão mais aceitos como ativos garantidores para fins de cobertura de provisões técnicas.

Ativos garantidores

c) Ativos redutores de resseguro: corresponde aos ativos de provisões técnicas (basicamente PPNG e sinistros), pois antes essas provisões eram constituídas no passivo pelo seu valor líquido e atualmente são brutas de resseguro.

d) Custos de aquisição diferidos redutores: as seguradoras podem deduzir os custos de aquisição diferidos relativos às despesas de corretagem, efetivamente liquidadas, que são diretamente relacionadas ao valor do prêmio comercial.

A Circular Susep nº 517/2015 estabelece que os ativos garantidores das provisões técnicas das seguradoras devem ser registrados na Susep e também que estejam "livres e desembaraçados de ônus ou gravames judiciais ou extrajudiciais de qualquer natureza".

Os ativos garantidores registrados na Susep não podem ser alienados, prometidos à alienação ou de qualquer forma gravados, sem prévia e expressa autorização da Susep, sendo nulas de pleno direito as alienações realizadas ou os gravames porventura constituídos em desacordo com a legislação.

As seguradoras devem registrar os seus títulos e valores mobiliários (aplicações financeiras) em contas mantidas, exclusivamente, para o registro dos ativos garantidores das provisões técnicas: (i) na Câmara de Ações da B3; e (ii) no Sistema Especial de Liquidação e de Custódia – Selic, conforme cada um dos mercados.

A Susep tem acesso aos ativos garantidores das seguradoras, diariamente, por meios eletrônicos disponibilizados pela Selic (custódia dos títulos públicos) e Câmara de Ações da B3.

O Decreto-lei nº 73/1966, além de determinar que as normas para o mercado segurador devam ser editadas pelo Conselho Nacional de Seguros Privados (CNSP) e pela Susep, por meio do seu artigo 28, estabeleceu também que a cobertura das provisões técnicas efetuadas pelas seguradoras deve ser normatizada pelo Conselho Monetário Nacional – CMN.

O Banco Central do Brasil – Bacen, como órgão executor da política traçada pelo CMN, fixa os limites e os ativos a serem oferecidos em cobertura. Atualmente a norma que regulamenta a cobertura das provisões técnicas é a Resolução CMN nº 4.444/2015. Além dessa Resolução, o CNSP regulamenta outros aspectos da cobertura das provisões técnicas por meio da Resolução nº 321/2015.

São aceitos como ativos garantidores os recursos que apresentam condições de liquidez, solvência, rentabilidade e segurança. Os recursos devem ser alocados nos segmentos de renda fixa e renda variável, de maneira diversificada.

Além dos percentuais máximos definidos, ainda há limitações quanto à concentração de ações de uma mesma companhia ou de um título privado de uma mesma instituição financeira. É necessário que haja diversificação nos papéis.

O CMN privilegia os títulos públicos na lista de ativos que são aceitos para a garantia das provisões técnicas, conforme pode ser observado na relação e nos percentuais exigidos pela Resolução CMN nº 4.444/2015.

Capítulo 6

Alguns exemplos são apresentados a seguir:

\	1 – RENDA FIXA
PERCENTUAL MÁXIMO	**NOME DO ATIVO GARANTIDOR**
100%	Títulos da Dívida Pública Mobiliária Federal interna
100%	Créditos securitizados pela Secretaria do Tesouro Nacional
100%	Cotas de fundos de investimentos exclusivos representados por títulos públicos federais
75%	Títulos emitidos por companhia aberta
75%	Debêntures de infraestrutura emitidas por sociedades por ações (com registro CVM)
50%	Obrigações ou coobrigações de instituições financeiras autorizadas a funcionar pelo Banco Central do Brasil
50%	Cotas de fundos de investimento (condomínio aberto)
25%	Certificados de recebíveis de emissão de companhias securitizadoras na forma definida pela CVM

\	2 – RENDA VARIÁVEL
PERCENTUAL MÁXIMO	**NOME DO ATIVO GARANTIDOR**
100%	Ações, bônus de subscrição, recibos de subscrição e certificados de depósito de emissão de companhias listadas no Novo Mercado da BM&FBOVESPA
100%	Cotas de fundos de investimento classificados como fundo de ações – condomínio aberto contendo carteiras do item precedente
75%	Ações, bônus de subscrição, recibos de subscrição e certificados de depósito de companhias listadas no Nível 2 da BM&FBOVESPA
75%	Cotas de fundos de investimento classificados como fundo de ações – condomínio aberto contendo carteiras do item precedente
50%	Ações, bônus de subscrição, recibos de subscrição e certificados de depósito de companhias listadas no Nível 1 da BM&FBOVESPA
50%	Cotas de fundos de investimento classificados como fundo de ações – condomínio aberto contendo carteiras do item precedente
25%	Ações, bônus de subscrição de ações, recibos de subscrição de ações e certificados de depósitos de ações de emissão de companhias abertas negociadas em Bolsa de Valores, sem percentual mínimo em circulação
25%	Cotas de fundos de investimento classificados como fundo de ações – condomínio aberto contendo carteiras do item precedente

Ativos garantidores

Resumindo, o quadro a seguir demonstra sucintamente quais títulos e valores mobiliários uma seguradora pode utilizar para garantir as suas provisões técnicas:

Títulos	Exemplos	Percentual máximo
Renda Fixa – Públicos	LFT, NTN, LTN	100%
Renda Fixa – Privados	CDB, debêntures	75%
Renda Variável (Companhias abertas)	Ações ordinárias – 25% de *free float*	100%
	Ações ON e PN – 5 Conselheiros, sendo 1 independente	75%
	Companhias com 3 Conselheiros	50%
	Companhias sem percentual mínimo de *free float*	25%

Fonte: Resoluções CMN 4.444/2015.

A seguir é apresentado um exemplo de como uma seguradora brasileira poderia efetuar a cobertura de suas provisões técnicas:

Provisões e ativos redutores	Valores em milhares de reais	
	Dezembro de 20X0	Dezembro de 20X1
Total das provisões técnicas	1.888.349	1.794.803
(-) Depósitos judiciais	(375)	(350)
(-) Direitos creditórios	(542.141)	(591.893)
(-) Ativos de resseguro	(55.039)	(60.987)
(-) Custos de aquisição diferidos	(100.178)	(105.943)
Total de provisões a serem garantidas	1.190.616	1.035.630
Títulos de renda fixa – públicos	1.027.625	793.342
Títulos de renda fixa – privados	44.016	142.106
Ações de companhias abertas	118.975	100.182
Total de ativos destinados à garantia	1.190.616	1.035.630

6.2 ATIVOS FINANCEIROS

Os principais ativos financeiros de uma seguradora são as aplicações financeiras, as quais servem de base para a garantia das provisões técnicas.

Capítulo 6

As áreas de investimentos das seguradoras têm muita importância, pois devem avaliar quais títulos devem adquirir para que seja maximizado o resultado financeiro.

A Susep, seguindo o processo de convergência às normas internacionais de contabilidade pelas companhias brasileiras, através da Circular Susep nº 517/2015 (que substituiu legislações anteriores), determina que as seguradoras adotem os critérios estabelecidos no Pronunciamento Contábil CPC 38, emitido pelo Comitê de Pronunciamentos Contábeis, para fins de classificação e mensuração de ativos financeiros, os quais são destacados na sequência.

6.2.1 Classificação dos ativos financeiros

De acordo com o CPC 38, os ativos financeiros são classificados nas seguintes categorias:

1 – Mensurado ao Valor Justo por Meio do Resultado (*Fair Value through Profit or Loss* – FVPL);

2 – Disponíveis para Venda (*Available for Sale*);

3 – Mantidos até o Vencimento (*Held to Maturity*); e

4 – Empréstimos e Recebíveis (*Loans and Receivables*).

Os critérios de classificação e mensuração estabelecidos serão aplicáveis para todas as aplicações financeiras, inclusive as que são oferecidas como garantia das provisões técnicas.

6.2.1.1 Mensurado ao Valor Justo por Meio do Resultado (Fair Value through Profit and Loss – FVPL)

Ativo financeiro mensurado (títulos e valores mobiliários ou aplicações financeiras) pelo valor justo por meio do resultado é um ativo financeiro que é:

- classificado como mantido para negociação; e
- designado pela entidade como ativo financeiro mensurado ao valor justo por meio do resultado, no reconhecimento inicial.

Na subcategoria "mantidos para negociação" devem ser registrados os ativos financeiros adquiridos com o propósito específico de serem ativa e frequentemente negociados e de obtenção de lucros na variação de curto prazo dos seus respectivos valores de mercado.

No reconhecimento inicial, esses ativos financeiros são mensurados pelo custo de aquisição, o qual representa o valor justo neste momento. Para essa categoria, os custos de corretagem e emolumentos são reconhecidos diretamente no resultado do período.

Seu valor contábil, após os rendimentos registrados, deve ser ajustado mensalmente ao valor de mercado, computando-se a valorização ou a desvalorização em contrapartida de conta de receita ou despesa financeira no resultado do período.

Os ativos integrantes das carteiras dos fundos de investimento especialmente constituídos ou dos fundos de investimento em cotas de fundos de investimento especialmente constituídos provenientes dos recursos das provisões matemáticas relativas ao PGBL e ao VGBL só poderão ser classificados na subcategoria "mantidos para negociação".

Na subcategoria "Outros ativos financeiros mensurados ao valor justo por meio do resultado" são incluídos os ativos financeiros híbridos não mantidos para negociação e totalmente mensurados ao valor justo e os ativos financeiros não mantidos para negociação que são incluídos nessa categoria para obtenção de informações mais relevantes, seja: (i) para eliminar ou reduzir significativamente as inconsistências de reconhecimento ou mensuração (divergências contábeis) derivadas da mensuração de ativos ou do reconhecimento dos ganhos ou das perdas com eles em bases diversas; (ii) porque há um grupo de ativos financeiros que é gerido e cujo desempenho é avaliado com base no valor justo, de acordo com uma estratégia documentada de gestão de risco ou de investimento, e as informações sobre a seguradora são fornecidas aos seus profissionais-chave sobre a mesma base.

6.2.1.2 Disponíveis para Venda

Nesta categoria devem ser registrados os ativos financeiros que a seguradora não tem a intenção de negociar com frequência, mas também não pretende mantê-los até o vencimento, ou seja, podem ser negociados.

No reconhecimento inicial, esses ativos financeiros são mensurados pelo custo de aquisição, inclusive corretagens e emolumentos incorridos na transação.

Seu valor contábil, após o reconhecimento dos rendimentos, calculados de acordo com as condições contratuais, no resultado do período, deve ser ajustado mensalmente ao valor de mercado, computando-se a valorização ou desvalorização em contrapartida da conta Ajustes de Avaliação Patrimonial – Ajustes com Títulos e Valores Mobiliários diretamente no patrimônio líquido, pelo valor líquido dos efeitos tributários.

As seguradoras normalmente classificam nesta categoria as ações adquiridas em bolsas de valores, pois assim as seguradoras não deixam que a volatilidade do preço das ações afete o resultado até que sejam vendidas. Há títulos de renda fixa que também são classificados nesta categoria.

Os ganhos e perdas não realizados registrados na conta Ajustes de Avaliação Patrimonial – Ajustes com Títulos e Valores Mobiliários, no patrimônio líquido, devem ser

Capítulo 6

apropriados ao resultado do período em que ocorrer a realização (venda, por exemplo) dos mesmos.

6.2.1.3 Mantidos até o Vencimento

Nesta categoria devem ser registrados os ativos financeiros com pagamentos fixos ou determináveis com vencimentos definidos para os quais haja a intenção e capacidade financeira da seguradora em mantê-los em carteira até o vencimento. A seguradora deve avaliar, a cada data de balanço, sua capacidade financeira de manter o título até o vencimento.

Os ativos integrantes desta categoria devem ser registrados pelos seus respectivos custos de aquisição (incluindo os custos com corretagens e emolumentos incorridos), acrescidos dos rendimentos mensais auferidos calculados de acordo com as condições contratuais (curva do papel), em contrapartida à conta de receita financeira no resultado do período.

As operações de alienação dos títulos classificados nesta categoria, simultaneamente à aquisição de novos títulos de mesma natureza, com prazo de vencimento superior e em montante igual ou superior ao dos títulos alienados, descaracterizam a intenção da seguradora quando da classificação dos mesmos na referida categoria e, portanto, devem ser evitadas pelas seguradoras segundo a norma internacional adotada pela Susep.

De acordo com o CPC 38, a seguradora não deve classificar nenhum ativo financeiro como mantido até o vencimento se a entidade tiver, durante o exercício social corrente ou durante os dois exercícios sociais precedentes, vendido ou reclassificado mais do que uma quantia insignificante de investimentos desta categoria antes do seu vencimento.

Os títulos e valores mobiliários integrantes desta categoria, inclusive aqueles que compõem as carteiras dos fundos de investimento cujas cotas pertençam em sua totalidade à seguradora, cujos respectivos vencimentos sejam superiores a doze meses da data-base das demonstrações contábeis, deverão ser classificados no ativo realizável a longo prazo.

6.2.1.4 Empréstimos e Recebíveis

São ativos financeiros com pagamentos fixos ou determináveis que não sejam cotados em mercado ativo e que a seguradora não tenha a intenção de vender imediatamente ou no curto prazo. Os ativos integrantes desta categoria devem ser registrados pelos seus respectivos custos de aquisição (incluindo os custos com corretagens e emolumentos incorridos), acrescidos dos rendimentos mensais auferidos calculados de acordo com as condições contratuais, em contrapartida da conta de receita financeira no resultado do período.

Os títulos das seguradoras que mais se enquadram nesta categoria são os prêmios a receber, os quais formam os direitos creditórios que são redutores das provisões técnicas a serem cobertas.

Segue resumo das categorias dos ativos financeiros e como devem ser mensurados os valores dos rendimentos e valores de mercado:

Categorias	Rendimentos?	Marcação a Mercado?	Contrapartida da Marcação a Mercado
FVPL	Sim. Pela taxa contratada + Marcação a Mercado	Sim	No resultado
Disponíveis para Venda	Sim. Pela taxa contratada	Sim	No patrimônio líquido
Mantidos até o Vencimento	Sim. Pela taxa contratada	Não	Não há
Empréstimos e Recebíveis	Sim. Pela taxa contratada	Não	Não há

6.2.2 Contabilização

Considere que a Seguradora JGM S.A. adquiriu uma aplicação financeira nas seguintes condições:

- Valor aplicado: R$ 100.000,00
- Data da aplicação: 31/12/20X0
- Prazo: 3 anos
- Taxa de juros: 10% ao ano (juros compostos)
- Valor da aplicação pelo custo amortizado (condições contratuais), no final de cada ano: X1 = R$ 110.000,00; X2 = R$ 121.000,00; X3 = R$ 133.100,00
- Valor de mercado (valor justo) da aplicação financeira, no final de cada ano: X1 = R$ 112.000,00; X2 = R$ 120.000,00; X3 = R$ 133.100,00
- Saldo inicial de caixa: R$ 150.000,00
- Aspectos tributários: não considerados

Pede-se:

a) Efetue os registros contábeis relativos à aplicação financeira considerando que ela foi classificada como "Mantidos até o Vencimento".
b) Efetue os registros contábeis referentes à aplicação financeira considerando que foi classificada como "Mantidos para Negociação" e que foi resgatada em 31/12/20X1.
c) Efetue os registros contábeis referentes à aplicação financeira considerando que foi classificada como "Disponíveis para Venda" e que foi resgatada em 31/12/20X2 (dois anos).

Capítulo 6

6.2.2.1 A seguradora manterá o título até o seu vencimento

Neste caso, como o investimento será classificado como Mantidos até o Vencimento, o seu critério de mensuração será o custo amortizado.

Na data da aplicação deve-se efetuar a seguinte contabilização:

Bancos conta movimento				Aplicações financeiras	
(SI) 150.000	100.000	(1)	(1)	100.000	
50.000				100.000	

Em 31/12/20X1 deve-se calcular o valor dos rendimentos obtidos. Assim, nessa data, deve ser realizada a seguinte contabilização:

	Aplicações financeiras		Receitas financeiras		
	100.000			10.000	(2)
(2)	10.000				
	110.000			10.000	

Em 31/12/20X2 deve-se calcular novamente o valor dos rendimentos obtidos. Assim, nessa data, deve ser realizada a seguinte contabilização:

	Aplicações financeiras		Receitas financeiras		
	110.000			11.000	(3)
(3)	11.000				
	121.000			11.000	

Em 31/12/20X3, no vencimento, há o resgate da aplicação financeira. Desse modo, nessa data, deve ser realizada a seguinte contabilização:

Pela apropriação dos rendimentos do ano de 20X3:

	Aplicações financeiras		Receitas financeiras		
	121.000			12.100	(4)
(4)	12.100				
	133.100			12.100	

Ativos garantidores

Na data do resgate o valor da aplicação financeira deve estar atualizado, assim, há o reconhecimento do restante do rendimento como receita financeira.

Pelo resgate:

Aplicações financeiras				Bancos conta movimento	
133.100	133.100	(5)	(SI)	50.000	
			(5)	133.100	
–				183.100	

No resgate, há a transferência dos recursos para a conta corrente.

6.2.2.2 A seguradora pretende negociar o título a qualquer momento

Nesse caso, a seguradora classificará o investimento como Mantidos para Negociação e o critério de mensuração será o valor justo, com reflexos no resultado.

No momento da aquisição, o título está avaliado ao valor justo, pois o custo de aquisição refere-se ao valor de mercado.

Na data da aplicação deve-se efetuar a seguinte contabilização:

Bancos conta movimento				Aplicações financeiras	
(SI) 150.000	100.000	(1)	(1)	100.000	
50.000				100.000	

Em 31/12/20X1 deve-se calcular os eventuais ganhos/perdas com a aplicação financeira em função das mudanças ocorridas em seu valor justo. Assim, nessa data, considerando que o valor justo era de R$ 112.000,00 deve-se realizar a seguinte contabilização:

Aplicações financeiras		Receitas financeiras		Ajuste ao valor justo (Conta de resultado)	
100.000		10.000 (1)		2.000	(2)
(1) 10.000					
(2) 2.000					
112.000		10.000		2.000	

119

Capítulo 6

Pelo resgate:

Aplicações financeiras				Bancos conta movimento	
			(SI)	50.000	
112.000	112.000	(3)	(3)	112.000	
–				162.000	

No resgate, há a transferência dos recursos para a conta corrente.

6.2.2.3 A seguradora manterá o título como Disponível para Venda

Nesse caso, a seguradora classificará a aplicação financeira como Disponível para Venda e o critério de avaliação será o valor justo, com reflexos no resultado e no patrimônio líquido.

No momento da aquisição, o título está avaliado ao valor justo, pois o custo de aquisição refere-se ao valor de mercado.

Na data da aplicação deve-se efetuar a seguinte contabilização:

	Bancos conta movimento				Aplicações financeiras	
(SI)	150.000	100.000	(1)	(1)	100.000	
	50.000				100.000	

Em 31/12/20X1 deve-se calcular os eventuais ganhos/perdas com a aplicação financeira em função das mudanças ocorridas em seu valor justo. Como essa aplicação foi classificada como Disponível para Venda, a atualização do valor aplicado de acordo com as condições contratuais, ou seja, 10% ao ano, deve ser reconhecida no resultado do período e a diferença entre o valor atualizado e valor justo deve ser reconhecida no patrimônio líquido.

Assim, nessa data, considerando que o valor justo era R$ 112.000,00, deve-se realizar a seguinte contabilização:

	Aplicações financeiras			Receitas financeiras			Ajuste de avaliação patrimonial (Conta de PL)	
	100.000				10.000	(1)	2.000	(2)
(1)	10.000							
(2)	2.000							
	112.000				10.000		2.000	

Ativos garantidores

Em 31/12/20X2 deve-se calcular os eventuais ganhos/perdas com a aplicação financeira em função das mudanças ocorridas em seu valor justo. A atualização do valor aplicado de acordo com as condições contratuais deve ser reconhecida no resultado do período, ou seja, 10% de R$ 110.000,00 = R$ 11.000,00. A diferença entre o valor atualizado e o valor justo deve ser reconhecida no patrimônio líquido.

Assim, nessa data, considerando que o valor justo era R$ 120.000,00, deve-se realizar a seguinte contabilização:

Aplicações financeiras				Receitas financeiras			Ajuste de avaliação patrimonial (conta PL)	
112.000	3.000	(4)		11.000	(3)	(4) 3.000	2.000
(3) 11.000							
120.000				11.000		1.000	

Pelo resgate:

Aplicações financeiras				Bancos conta movimento	
120.000	120.000	(5)	(SI)	50.000	
			(5)	120.000	
–				170.000	

Ajuste de avaliação patrimonial (conta PL)				Ajuste ao valor justo (Conta de resultado)	
1.000	1.000	(6)	(6)	1.000	
				1.000	
–					

No resgate, há a reversão do saldo da conta Ajuste de Avaliação Patrimonial do patrimônio líquido para o resultado do período, pois a perda (R$ 3.000 – R$ 2.000 = R$ 1.000) que fora contabilizada no patrimônio líquido passa a ser considerada realizada.

Neste exemplo, a seguradora aplicou R$ 100.000,00 e resgatou R$ 120.000,00, ou seja, obteve uma receita de R$ 20.000,00 em dois anos. No entanto, a soma das receitas financeiras reconhecidas no resultado de 20X1 e 20X2 é igual a R$ 10.000,00 + R$ 11.000,00 = R$ 21.000,00.

121

Assim, o valor revertido para o resultado do período tem por objetivo ajustar o resultado obtido de fato com a aplicação financeira, ou seja, R$ 21.000,00 – R$ 1.000,00 = R$ 20.000,00, que representa a receita efetiva que a seguradora teve com a aplicação.

6.3 AJUSTE AO VALOR DE MERCADO – VALOR JUSTO DOS ATIVOS FINANCEIROS

A metodologia de apuração do valor de mercado é de responsabilidade da seguradora e deve ser estabelecida com base na aplicação da IFRS 7, de acordo com os seguintes níveis hierárquicos do valor justo:

6.3.1 Nível 1

Preços cotados em mercados ativos. Incluem títulos de dívida e patrimoniais e contratos de derivativos que são negociados em um mercado ativo, assim como títulos públicos brasileiros que são altamente líquidos e ativamente negociados em mercados de balcão. Um outro exemplo são os títulos de renda variável, como ações negociadas na bolsa (BM&FBovespa), cujos dados são observáveis.

6.3.2 Nível 2

Dados observáveis que não estão incluídos nos preços de Nível 1, tais como preços cotados para ativos similares, preços cotados em mercados não ativos ou outros dados que são observáveis no mercado ou que possam ser confirmados por dados observáveis de mercado para substancialmente todo o prazo dos ativos. Incluem contratos de derivativos cujo valor é determinado usando um modelo de precificação com dados que são observáveis no mercado ou que possam ser, principalmente, deduzidos de ou ser confirmados por dados observáveis de mercado incluindo, mas não limitando, a curvas de rendimento, taxas de juros, volatilidades, preços de títulos de dívida e patrimoniais e taxas de câmbio.

6.3.3 Nível 3

Dados não observáveis que são suportados por pouca ou nenhuma atividade de mercado e que sejam significativos ao valor justo dos ativos. Incluem instrumentos financeiros cujo valor é determinado usando modelos de precificação, metodologias de fluxo de caixa descontado, ou técnicas similares, assim como instrumentos para os quais a determinação do valor justo requer julgamento ou estimativa significativos da seguradora. Esta categoria geralmente inclui certos títulos emitidos por instituições financeiras e empresas não financeiras e certos contratos de derivativos.

6.4 PERDAS DE CARÁTER PERMANENTE PARA AS APLICAÇÕES FINANCEIRAS – *IMPAIRMENT*

A seguradora deve avaliar, ao final de cada exercício, se existem evidências de perdas prolongadas no valor dos seus ativos financeiros. Se houver essa evidência, a seguradora deve testar o valor contábil para verificar se ele é recuperável.

As perdas de caráter permanente com ativos financeiros classificados nas categorias Disponíveis para Venda e Mantidos até o Vencimento devem ser reconhecidas imediatamente no resultado do período. Ressalta-se que o valor ajustado em decorrência do reconhecimento das referidas perdas passa a constituir a nova base de custo.

Na categoria Disponíveis para Venda, isso ocorre quando uma ação, por exemplo, está com valor negativo da marcação a mercado registrado no patrimônio líquido há muito tempo. Nesse caso, como não houve registro no resultado, pois a perda está contabilizada no patrimônio líquido, a seguradora deve reconhecer o *impairment* como despesa e um novo valor passa a constituir a base de custo.

Nas demais categorias, as quais não são mensuradas ao valor justo, o *impairment* será reconhecido no resultado normalmente.

No caso de empréstimos e recebíveis, as perdas, necessariamente, devem ter caráter permanente. Havendo evidências de perdas, o *impairment* deve ser reconhecido no resultado.

EXERCÍCIOS

1. Preparar a cobertura de provisões técnicas de uma maneira bem pulverizada, justificando sua opção pela forma da cobertura:

   a) Valor da provisão técnica – R$ 100 milhões

   b) Valor da provisão técnica – R$ 1,795 bilhão

   Prêmios a receber de R$ 200 milhões (com direito creditório de R$ 130 milhões)

   Depósito judicial no valor de R$ 30 milhões para uma PSL de R$ 27 milhões.

2. Efetivamente os ativos garantidores são garantias de recebimento de sinistros?

3. Por que há diversificação nos títulos que não são do governo e não há diversificação nos títulos do governo?

4. Considere que a Seguradora Palmeirense S.A. fez uma aplicação financeira nas seguintes condições:

   - Valor aplicado: R$ 550.000,00
   - Data da aplicação: 1/4/20X0
   - Prazo: 2 anos

Capítulo 6

- Taxa de juros: 10% ao ano (juros compostos)
- Valor de mercado (valor justo) da aplicação financeira, no final de cada ano: 31/12/X0 = R$ 592.000,00; 31/12/X1 = R$ 647.000,00; 01/04/X2 = R$ 665.500,00
- Saldo inicial de caixa: R$ 700.000,00
- Aspectos tributários: não considerados

Pede-se:

a) Efetue os registros contábeis relativos à aplicação financeira, no final de cada ano (31/12), considerando que ela foi classificada como "Mantidos até o Vencimento".

b) Efetue os registros contábeis referentes à aplicação financeira, considerando que foi classificada como "Mantidos para Negociação" e que foi resgatada em 1/4/20X1, cujo valor de mercado era R$ 604.000,00.

c) Efetue os registros contábeis referentes à aplicação financeira, considerando que foi classificada como Disponíveis para Venda e que foi resgatada em 1/4/20X2 (no vencimento).

5. Uma companhia aberta aplicou suas disponibilidades de caixa em ativos financeiros, adquirindo, em 1/12/20X0, 7 títulos no valor de R$ 3.000,00 cada. Na data de aquisição, a companhia os classificou do seguinte modo: 4 títulos como ativo financeiro "Mantido para Negociação Imediata" e 3 títulos como ativo financeiro "Mantido até o Vencimento". A taxa de juros contratual de todos os títulos era de 1% ao mês e o valor justo de cada título 30 dias após a sua aquisição era de R$ 3.040,00. Com base nessas informações, em 31/12/20X0 a companhia reconheceu

a) na demonstração de resultados, receita financeira no valor de R$ 280,00;

b) na demonstração de resultados, receita financeira no valor de R$ 210,00;

c) na demonstração de resultados, receita financeira no valor de R$ 250,00;

d) no patrimônio líquido, ajustes de avaliação patrimonial no valor de R$ 40,00 (saldo credor);

e) na demonstração de resultados, receita financeira no valor de R$ 210,00 e, no patrimônio líquido, ajustes de avaliação patrimonial no valor de R$ 70,00 (saldo credor).

6. Suponha a aquisição, em 30/11/20X0, de um ativo financeiro no valor de R$ 100.000,00, classificado na data de aquisição em "Disponível para Venda". Esse título remunera à taxa de 3% ao mês e o valor de mercado desse título 30 dias após a sua aquisição era de R$ 99.500,00. De acordo com essas informações, em dezembro de 20X0 a empresa reconheceu

a) na demonstração de resultados, despesa financeira de R$ 500,00;
b) no patrimônio líquido, ajuste de avaliação patrimonial de R$ 500,00;
c) na demonstração de resultados, receita financeira de R$ 3.000,00 e, no patrimônio líquido, ajuste de avaliação patrimonial de R$ 3.500,00 (saldo devedor);
d) na demonstração de resultados, despesa financeira de R$ 500,00 e, no patrimônio líquido, ajuste de avaliação patrimonial de R$ 3.000,00 (saldo credor).

7. Uma empresa adquiriu em 31/10/20X0 um ativo financeiro no valor de R$ 50.000,00, classificado na data de aquisição como "Mantido até o Vencimento". Esse título remunera à taxa de 2% ao mês e o valor justo desse título 30 dias após a sua aquisição era de R$ 52.000,00. De acordo com essas informações, em novembro de 20X0, a empresa registrou

    a) na demonstração de resultados, receita financeira de R$ 2.000,00;
    b) na demonstração de resultados, receita financeira de R$ 1.000,00;
    c) no patrimônio líquido, ajuste de avaliação patrimonial de R$ 2.000,00;
    d) na demonstração de resultados, receita financeira de R$ 1.000,00 e, no patrimônio líquido, ajuste de avaliação patrimonial de R$ 1.000,00 (saldo credor).

CONTABILIZAÇÃO DAS OPERAÇÕES

Objetivos de Aprendizagem

☑ Demonstrar como são reconhecidas as operações realizadas por uma entidade seguradora, evidenciando tanto a forma de mensuração quanto a contabilização dessas operações.

☑ Compreender como cada uma das operações impacta o resultado (evidenciado na Demonstração do Resultado) e a situação econômico-financeira da entidade (evidenciada no Balanço Patrimonial).

7.1 CONTABILIZAÇÃO DE OPERAÇÕES DE SEGUROS

Para a correta contabilização das operações de seguros, se faz necessário compreender os eventos realizados por uma seguradora no desenvolvimento de sua atividade, bem como os direitos e obrigações decorrentes dessas operações.

Em relação à atividade seguradora, tem-se que o fato gerador da receita é a vigência do risco. Assim, a apropriação dos prêmios emitidos deve ser feita conforme a fluência do prazo de cobertura do risco. Nesse sentido, as despesas de comercialização devem ser diferidas para que possam ser reconhecidas também conforme a fluência do prazo de cobertura do risco.

Ao reconhecer as receitas e as despesas em função da vigência do risco assumido, a seguradora estará apurando o seu resultado pelo regime de competência.

A seguir são apresentados exemplos de operações realizadas pelas seguradoras e a respectiva contabilização.

7.2 EMISSÃO DE UMA APÓLICE DE SEGURO – EXEMPLO 1

Dados:

- Seguro de automóveis
- Vigência de 1 ano – 31/12/20X0 a 31/12/20X1 (inicia-se à 0h do dia 1º de janeiro de 20X1)
- Prêmio comercial: R$ 1.500,00, equivalente ao preço à vista, pago em 10/1/20X1
- IOF (Imposto sobre Operações Financeiras): 7,38% sobre o prêmio comercial – R$ 110,70
- Apólice emitida no mesmo dia do início da cobertura
- Comissão de 12% sobre o prêmio comercial: R$ 180,00

1) Pelo reconhecimento do prêmio comercial emitido

A seguradora possui o valor de R$ 1.610,70 a ser recebido do segurado, que inclui R$ 1.500,00 do prêmio comercial e R$ 110,70 referentes ao IOF cobrado do segurado na operação.

Conta do Ativo
Prêmios a receber

(1) 1.610,70	
1.610,70	

Conta do Passivo
IOF a recolher

	110,70 (1)
	110,70

Conta do Resultado
Prêmios – riscos emitidos

	1.500,00 (1)
	1.500,00

2) Pelo reconhecimento da provisão de prêmios não ganhos (PPNG)

A apropriação dos prêmios emitidos deve ser feita conforme a fluência do prazo de cobertura do risco. Assim, na data de emissão da apólice, em 1/1/20X1, deve-se reconhecer a PPNG referente aos riscos a decorrer.

Nesse sentido, não há receita a ser reconhecida no resultado. Como o prêmio foi integralmente reconhecido no resultado quando da emissão da apólice, ele precisa ser revertido para o passivo como provisão de prêmios não ganhos, a qual representa os valores a serem reconhecidos como receita futuramente, em função da passagem do tempo.

Conta do Resultado Variação das provisões técnicas		Conta do Passivo Provisão de prêmios não ganhos	
(2) 1.500,00			1.500,00 (2)
1.500,00			1.500,00

Obs.: para o cálculo da PPNG no decorrer dos meses, veja capítulo sobre provisões técnicas.

3) Pelo reconhecimento da comissão de corretagem e seu diferimento

Assim como os prêmios emitidos são diferidos no passivo (PPNG) para serem reconhecidos como receitas em função da passagem do tempo, as despesas incorridas na comercialização da apólice também são diferidas no ativo, para que sejam reconhecidas como despesas futuramente, em função da passagem do tempo.

Conta do Resultado Comissão sobre prêmios emitidos		Conta do Ativo Custos de aquisição diferidos		Conta do Passivo Comissão sobre prêmios a pagar	
(3) 180,00		(4) 180,00			180,00 (3)
180,00		180,00			180,00

Variação dos custos de aquisição diferidos	
180,00 (4)	
180,00	

Obs.: o cálculo do diferimento da comissão é feito da mesma maneira que é feito o cálculo da PPNG.

Capítulo 7

4) Pelo recebimento do prêmio emitido e pagamento do IOF

Conta do Ativo			
\multicolumn{4}{c}{Prêmios a receber}
(1)	1.610,70	1.610,70	(5)
	–		

Conta do Passivo			
\multicolumn{4}{c}{IOF a recolher}
(6)	110,70	110,70	(1)
	–		

Disponível			
(5)	1.610,70	110,70	(6)
	1.500,00		

Obs.: o IOF é devido quando do recebimento do prêmio emitido.

5) Pelo reconhecimento da receita realizada no decorrer da vigência da apólice (data-base: 31/1/20X1)

$$\text{Cálculo da variação da PPNG} = \frac{31}{365} \times 1.500,00 = 127,40$$

$$\text{Cálculo do saldo da PPNG} = \frac{334}{365} \times 1.500,00 = 1.372,60$$

Conta do Resultado	
\multicolumn{2}{c}{Variação das provisões técnicas}
127,40	(7)
127,40	

Conta do Passivo			
\multicolumn{4}{c}{Provisão de prêmios não ganhos (PPNG)}
(7)	127,40	1.500,00	(2)
		1.372,60	

Com o decorrer do tempo, a seguradora precisa apropriar para o resultado a parcela dos prêmios emitidos que competem ao referido período. Assim sendo, o valor dos prêmios ganhos apropriados seguindo o regime de competência é de $\frac{31}{365} \times 1.500,00 = 127,40$.

6) Pela apropriação dos custos de aquisição diferidos em 31/1/20X1

$$\text{Cálculo da variação dos custos de aquisição diferidos} = \frac{31}{365} \times 180,00 = 15,29$$

Contabilização das operações

$$\text{Cálculo do saldo dos custos de aquisição diferidos} = \frac{334}{365} \times 180{,}00 = 164{,}71$$

Conta do Resultado			Conta do Ativo		
Variação dos custos de aquisição diferidos			Custos de aquisição diferidos		
(8) 15,29			(4) 180,00	15,29 (8)	
15,29			164,71		

Com o decorrer do tempo, a seguradora precisa apropriar para o resultado a parcela dos custos de aquisição que competem ao referido período. Assim sendo, o valor das despesas incorridas seguindo o regime de competência é de $\frac{31}{365} \times 180{,}00 = 15{,}29$.

7) Pelo pagamento da comissão de corretagem

Conta do Ativo			Conta do Passivo		
Disponível			Comissão sobre prêmios a pagar		
1.500,00	180,00 (9)		(9) 180,00	180,00 (3)	
1.320,00			–		

8) Pelo reconhecimento da receita realizada no decorrer da vigência da apólice (data-base: 31/1/20X1 a 31/12/20X1)

$$\text{Cálculo da variação da PPNG} = \frac{334}{365} \times 1.500{,}00 = 1.372{,}60$$

$$\text{Cálculo do saldo da PPNG} = \frac{0}{365} \times 1.500{,}00 = 0{,}00$$

Conta do Resultado			Conta do Passivo		
Variação das provisões técnicas			Provisão de prêmios não ganhos		
1.372,60 (10)			(10) 1.372,60	1.372,60 (7)	
1.372,60			–		

Capítulo 7

Com o vencimento da apólice, todo o prêmio emitido deve ser reconhecido no resultado, uma vez que o seguro expirou (o segurado não possui mais direito e a seguradora não possui mais obrigação). Assim sendo, o valor dos prêmios ganhos que competem ao período é de $\frac{334}{365} \times 1.500,00 = 1.372,60$ (considerando o período entre 31/1/20X1 a 31/12/20X1).

9) Pela apropriação dos custos de aquisição diferidos (data-base: 31/1/20X1 a 31/12/20X1)

Cálculo da variação dos custos de aquisição diferidos = $\frac{334}{365} \times 180,00 = 164,71$

Cálculo do saldo dos custos de aquisição diferidos = $\frac{0}{365} \times 180,00 = 0,00$

Conta do Resultado
Variação dos custos de aquisição diferidos

(11)	164,71	
	164,71	

Conta do Ativo
Custos de aquisição diferidos

(8)	164,71	164,71	(11)
	–		

Com o vencimento da apólice, todos os custos de aquisição devem ser reconhecidos no resultado, uma vez que o seguro expirou (o segurado não possui mais direito e a seguradora não possui mais obrigação). Assim sendo, o valor das despesas incorridas seguindo o regime de competência é de $\frac{334}{365} \times 180,00 = 164,71$ (considerando o período entre 31/1/20X1 a 31/12/20X1).

7.3 EMISSÃO DE UMA APÓLICE DE SEGURO – EXEMPLO 2

Dados:

- Seguro residencial
- Vigência de 1 ano – 30/6/20X0 a 30/6/20X1 (inicia-se à 0h do dia 1º de julho de 20X0)
- Prêmio comercial: R$ 1.000,00, a prazo, com pagamento para 31/7/20X0
- IOF: 7,38% sobre o prêmio comercial (com os juros) – R$ 75,28
- Juros sobre o prêmio: R$ 20,00
- Apólice emitida no mesmo dia de início da cobertura

- Comissão de 10% sobre o prêmio comercial: R$ 100,00
- Juros da comissão: R$ 2,00

1) Pelo reconhecimento do prêmio comercial emitido

A seguradora possui o valor de R$ 1.095,28 a ser recebido do segurado, o qual se refere a R$ 1.000,00 do prêmio emitido, R$ 20,00 de juros e R$ 75,28 referentes ao IOF cobrado do segurado na operação.

Conta do Ativo Prêmios a receber	Conta do Passivo IOF a recolher	Conta do Resultado Prêmios – Riscos emitidos
(1) 1.095,28	75,28 (1)	1.000,00 (1)
1.095,28	75,28	1.000,00

Prêmios a receber Juros a apropriar
20,00 (1)
20,00

2) Pelo reconhecimento da provisão de prêmios não ganhos (PPNG)

A apropriação dos prêmios emitidos deve ser feita conforme a fluência do prazo de cobertura do risco. Assim, na data de emissão da apólice, em 1/7/20X0, deve-se reconhecer a PPNG referente aos riscos a decorrer.

Nesse sentido, não há receita a ser reconhecida no resultado. Como o prêmio foi integralmente reconhecido no resultado quando da emissão da apólice, ele precisa ser revertido para o passivo como provisão de prêmios não ganhos, a qual representa os valores a serem reconhecidos em receita futuramente, em função da passagem do tempo.

Conta do Resultado Variação das provisões técnicas	Conta do Passivo Provisão de prêmios não ganhos
(2) 1.000,00	1.000,00 (2)
1.000,00	1.000,00

3) Pelo reconhecimento da comissão de corretagem e seu diferimento

Assim como os prêmios emitidos são diferidos no passivo (PPNG) para serem reconhecidos como receita em função da passagem do tempo, as despesas incorridas na comercialização da apólice também são diferidas no ativo, para que sejam reconhecidas como despesas futuramente, em função da passagem do tempo.

Conta do Resultado Comissão sobre prêmios emitidos	Conta do Passivo Juros a apropriar sobre comissões emitidas	Conta do Ativo Custos de aquisição diferidos
(3) 100,00	(3) 2,00	(4) 100,00
100,00	2,00	100,00

Variação dos custos de aquisição diferidos	Comissão e juros sobre prêmios a pagar
100,00 (4)	102,00 (3)
100,00	102,00

4) Pelo recebimento do prêmio emitido e pagamento do IOF em 31/7/20X0

Conta do Ativo Prêmios a receber	Conta do Passivo IOF a recolher
(1) 1.095,28 1.095,28 (5)	(6) 75,28 75,28 (1)
–	–

Disponível
(5) 1.095,28   75,28 (6)
1.020,00

Contabilização das operações

5) Pelo reconhecimento da receita realizada no decorrer da vigência da apólice (data-base: 31/07/20X0)

$$\text{Cálculo da variação da PPNG} = \frac{31}{365} \times 1.000,00 = 84,93$$

$$\text{Cálculo do saldo da PPNG} = \frac{334}{365} \times 1.000,00 = 915,07$$

Conta do Resultado		Conta do Passivo	
Variação das provisões técnicas		Provisão de prêmios não ganhos (PPNG)	
84,93 (7)		(7) 84,93	1.000,00 (2)
84,93			915,07

6) Pela apropriação dos custos de aquisição diferidos (data-base: 31/7/20X0)

$$\text{Cálculo da variação dos custos de aquisição diferidos} = \frac{31}{365} \times 100,00 = 8,49$$

$$\text{Cálculo do saldo dos custos de aquisição diferidos} = \frac{334}{365} \times 100,00 = 91,51$$

Conta do Resultado		Conta do Ativo	
Variação dos custos de aquisição diferidos		Custos de aquisição diferidos	
(8) 8,49		(4) 100,00	8,49 (8)
8,49		91,51	

7) Pelo reconhecimento da receita financeira – juros a apropriar em 31/7/20X0

Conta do Ativo		Conta do Resultado	
Prêmios a receber Juros a apropriar		Juros – receitas financeiras	
(9) 20,00	20,00 (1)		20,00 (9)
	–		20,00

Capítulo 7

8) Pelo reconhecimento da despesa financeira – juros a apropriar em 31/7/20X0

Conta do Resultado		Conta do Passivo	
Juros – despesas financeiras		Juros a apropriar sobre comissões emitidas	
(10) 2,00		(3) 2,00	2,00 (10)
2,00			–

Obs.: Caso o parcelamento ocorra em mais vezes, o reconhecimento dos juros ao resultado deve acompanhar o parcelamento.

9) Pelo pagamento da comissão de corretagem

Conta do Ativo		Conta do Passivo	
Disponível		Comissão e juros sobre prêmios a pagar	
1.020,00	102,00 (11)	(11) 102,00	102,00 (3)
918,00			–

10) Pelo reconhecimento da receita realizada no decorrer da vigência da apólice (data-base: 31/7/20X0 a 30/6/20X1)

$$\text{Cálculo da variação da PPNG} = \frac{334}{365} \times 1.000,00 = 915,07$$

$$\text{Cálculo do saldo da PPNG} = \frac{0}{365} \times 1.000,00 = 0,00$$

Conta do Resultado		Conta do Passivo	
Variação das provisões técnicas		Provisão de prêmios não ganhos	
915,07 (12)		(12) 915,07	915,07
915,07			–

Obs.: o saldo da PPNG foi sendo apropriado mensalmente para o resultado. Assim, parte dos 915,07 foi reconhecida no resultado de 20X0.

136

11) Pela apropriação dos custos de aquisição diferidos em 30/6/20X1

Cálculo da variação dos custos de aquisição diferidos = $\dfrac{334}{365} \times 100{,}00 = 91{,}51$

Cálculo do saldo dos custos de aquisição diferidos = $\dfrac{0}{365} \times 100{,}00 = 0{,}00$

Conta do Resultado Variação dos custos de aquisição diferidos		Conta do Ativo Custos de aquisição diferidos	
(13) 91,51		91,51	91,51 (13)
	91,51	–	

Obs.: o saldo dos custos de aquisição diferidos foi sendo apropriado mensalmente para o resultado. Assim, parte dos 91,51 foi reconhecida no resultado de 20X0.

7.4 RECONHECIMENTO DE OPERAÇÕES ENVOLVENDO COSSEGURO CEDIDO E ACEITO

Cosseguro é a operação pela qual há a divisão de um risco segurado entre uma ou mais seguradoras. Cada seguradora deve se responsabilizar por uma quota-parte determinada do valor total do seguro.

No cosseguro existe relação direta entre o segurado e as seguradoras (a seguradora líder e as demais seguradoras que participam do risco), ou seja, há vínculo contratual entre o segurado e cada uma das seguradoras.

Conforme Resolução CNSP nº 68/2001, tanto a seguradora líder quanto as cosseguradoras são, perante o segurado, responsáveis pelo pagamento da indenização de sinistros que possam ocorrer, ou seja, as seguradoras respondem, isoladamente, perante o segurado, pela parcela de responsabilidade que assumiram, não existindo solidariedade.

7.4.1 Emissão da apólice de seguro com cessão de cosseguro – Exemplo 3

Dados:

- Seguro contra incêndio
- Vigência de 1 ano – 31/10/20X0 a 31/10/20X1 (inicia-se à 0h do dia 1º de novembro de 20X0)
- Prêmio comercial: R$ 912,00, à vista, com pagamento para 5/11/20X0
- IOF: 7,38% sobre o prêmio comercial – R$ 67,31

Capítulo 7

- Apólice emitida no mesmo dia de início da cobertura
- Comissão de 10% sobre o prêmio comercial: R$ 91,20
- Prêmio cedido em cosseguro: 40% – R$ 364,80
- Comissão de cosseguro: 10% sobre o prêmio cedido – R$ 36,48

1) Pelo reconhecimento do prêmio comercial emitido

A seguradora receberá do segurado o valor de R$ 979,31, o qual é composto por R$ 912,00 do prêmio emitido e R$ 67,31 referentes ao IOF cobrado do segurado na operação.

Conta do Ativo Prêmios a receber	Conta do Passivo IOF a recolher	Conta do Resultado Prêmios – riscos emitidos
(1) 979,31	67,31 (1)	912,00 (1)
979,31	67,31	912,00

2) Pelo reconhecimento da provisão de prêmios não ganhos – PPNG

Neste exemplo, como houve cessão em cosseguro de 40% do prêmio, ou seja, R$ 364,80 do prêmio, há que se constituir a PPNG apenas do percentual retido (912,00 – 364,80 = 547,20). Na base de cálculo da PPNG é subtraído o prêmio de cosseguro cedido.

Conta do Resultado Variação das provisões técnicas	Conta do Passivo Provisão de prêmios não ganhos
(2) 547,20	547,20 (2)
547,20	547,20

3) Pelo reconhecimento do prêmio e comissão cedidos para cosseguradoras

A seguradora pagará para sua congênere (outra seguradora – cosseguro cedido), a título de prêmio, o valor de R$ 364,80 que, líquido de comissão, atinge R$ 328,32. A conta do passivo é líquida de comissão, uma vez que, normalmente, a liquidação entre congêneres ocorre pelo valor líquido.

Contabilização das operações

Conta do Resultado			Conta do Passivo	
Prêmios de seguros – cosseguros cedidos a congêneres			Seguradoras – cosseguro cedido emitido	
(3) 364,80				328,32 (3)
364,80				328,32

Custo de aquisição – recuperação de comissões – cosseguro cedido	
	36,48 (3)
	36,48

4) Pelo reconhecimento da comissão de corretagem e seu diferimento

Assim como os prêmios emitidos são diferidos no passivo (PPNG) para serem reconhecidos como receita em função da passagem do tempo, as despesas incorridas na comercialização da apólice também são diferidas no ativo, para que sejam reconhecidas como despesas futuramente, em função da passagem do tempo.

No entanto, como houve cessão em cosseguro e cobrança de comissão da parte cedida para outra seguradora, houve recuperação de R$ 36,48 do custo incorrido com comissão (91,20 – 36,48 = 54,72).

Conta do Resultado	Conta do Ativo	Conta do Passivo
Comissão sobre prêmios emitidos	Custos de aquisição diferidos	Comissão sobre prêmios a pagar
(4) 91,20	(5) 54,72	91,20 (4)
91,20	54,72	91,20

Variação dos custos de aquisição diferidos	
54,72 (5)	
54,72	

Capítulo 7

5) Pelo recebimento do prêmio emitido e pagamento do IOF e do valor prêmio cedido (líquido) em cosseguro

Conta do Ativo
Prêmios a receber

(1)	979,31	979,31	(6)
	−		

Conta do Passivo
IOF a recolher

(7)	67,31	67,31	(1)
		−	

Disponível

(6)	979,31	67,31	(7)
		328,32	(8)
	583,68		

Seguradoras – cosseguro cedido emitido

(8)	328,32	328,32	(3)
		−	

6) Pelo reconhecimento da receita realizada no decorrer da vigência da apólice (data-base: 31/12/20X0)

$$\text{Cálculo da variação da PPNG} = \frac{61}{365} \times 547{,}20 = 91{,}45$$

$$\text{Cálculo do saldo da PPNG} = \frac{304}{365} \times 547{,}20 = 455{,}75$$

Conta do Resultado
Variação das provisões técnicas

91,45	(9)
91,45	

Conta do Passivo
Provisão de prêmios não ganhos

(9)	91,45	547,20	(2)
		455,75	

7) Pela apropriação dos custos de aquisição diferidos (data-base: 31/12/20X0)

$$\text{Cálculo da variação dos custos de aquisição diferidos} = \frac{61}{365} \times 54{,}71 = 9{,}14$$

$$\text{Cálculo dos custos de aquisição diferidos} = \frac{304}{365} \times 54{,}72 = 45{,}58$$

Conta do Resultado		Conta do Ativo		
Variação dos custos de aquisição diferidos		Custos de aquisição diferidos		
(10) 9,14		54,72	9,14	(10)
	9,14		45,58	

7.4.2 Contabilização das operações de cosseguro aceito

No cosseguro aceito, realizam-se os mesmos lançamentos de uma emissão direta. Não há incidência de IOF. A alteração está nas subcontas utilizadas para registro: emissão direta ou cosseguro aceito.

No cosseguro aceito há o valor do prêmio a ser recebido, bem como o pagamento da comissão de comercialização da apólice. No entanto, estes valores são a receber e/ou a pagar para outra seguradora e não ao segurado.

7.5 RECONHECIMENTO DE OPERAÇÕES ENVOLVENDO RESSEGURO CEDIDO/ACEITO

Resseguro é a operação na qual há a transferência de riscos de uma cedente (seguradora), com vistas à sua própria proteção, para um ou mais resseguradores, através de contratos automáticos ou facultativos (Resolução do CNSP nº 168/07).

7.5.1 Emissão da apólice de seguro – Exemplo 4

Dados:

- Seguro de incêndio
- Vigência de 1 ano – 31/10/20X0 a 31/10/20X1 (inicia-se à 0h do dia 1º de novembro de 20X0)
- Prêmio comercial: R$ 912,00, à vista, com pagamento para 5/11/20X0
- IOF: 7,38% sobre o Prêmio Comercial – R$ 67,31
- Apólice emitida no mesmo dia de início da cobertura
- Comissão de 10% sobre o Prêmio Comercial: R$ 91,20
- Prêmio cedido em resseguro: 40% – R$ 364,80
- Comissão de resseguro: 10% – R$ 36,48

Capítulo 7

1) Pelo reconhecimento do prêmio comercial emitido

A seguradora receberá do segurado o valor de R$ 979,31, o qual é composto por R$ 912,00 do prêmio emitido e R$ 67,31 referentes ao IOF cobrado do segurado na operação.

Conta do Ativo Prêmios a receber		Conta do Passivo IOF a recolher	
(1) 979,31			67,31 (1)
979,31			67,31

Conta do Resultado Prêmios – riscos emitidos	
	912,00 (1)
	912,00

2) Pelo reconhecimento da provisão de prêmios não ganhos – PPNG

Neste exemplo, como houve cessão em resseguro de 40% do prêmio, ou seja, R$ 364,80 do prêmio, há que se constituir a PPNG no valor de R$ 912,00, no passivo, e R$ 364,80, no ativo. Na base de cálculo da PPNG não é subtraído o prêmio de resseguro cedido.

No caso da PPNG ativa (proveniente de resseguro), o valor constituído deve ser líquido de comissão, quando houver.

Conta do Resultado Variação das provisões técnicas		Conta do Passivo Provisão de prêmios não ganhos	
(2) 912,00			912,00 (2)
912,00			912,00

3) Pelo reconhecimento da comissão de comercialização e seu diferimento

Diferentemente do que ocorre no cosseguro cedido, quando há resseguro a base para diferimento dos custos de aquisição é de 100% do valor da comissão.

No entanto, há também o reconhecimento do valor de comissão a ser recebido da resseguradora.

Conta do Resultado Comissão sobre prêmios emitidos	Conta do Ativo Custos de aquisição diferidos	Conta do Passivo Comissão sobre prêmios a pagar
(3) 91,20	(4) 91,20	91,20 (3)
91,20	91,20	91,20

Variação dos custos de aquisição diferidos
91,20 (4)
91,20

4) Pelo reconhecimento do prêmio e da comissão de resseguro cedido

A seguradora pagará para a resseguradora (resseguro cedido), a título de prêmio, o valor de R$ 364,80, que, líquido de comissão, resulta em R$ 328,32. A conta do passivo é líquida de comissão, uma vez que normalmente a liquidação entre a seguradora e a resseguradora ocorre pelo valor líquido.

Conta do Resultado Despesas com resseguros – prêmios	Conta do Passivo Resseguradoras – prêmios cedidos
(5) 364,80	328,32 (5)
364,80	328,32

Despesas com resseguros – comissões
36,48 (5)
36,48

Capítulo 7

5) Pelo reconhecimento do prêmio e da comissão de resseguro cedido e seu diferimento

Conta do Resultado Variação das provisões técnicas – resseguradoras (prêmio – comissão)			
(7)	36,48	364,80	(6)
		328,32	

Conta do Ativo Ativo de resseguros – prêmios e comissões diferidos			
(6)	364,80	36,48	(7)
	328,32		

Obs.: utilizam-se as mesmas contas para prêmios e comissões.

6) Pelo recebimento do prêmio emitido e pagamento do IOF e do valor cedido em resseguro (data-base: 5/11/20X0)

Conta do Ativo Prêmios a receber			
(1)	979,31	979,31	(8)
	–		

Conta do Passivo IOF a recolher			
(9)	67,31	67,31	(1)
		–	

Disponível			
(8)	979,31	67,31	(9)
		328,32	(10)
	979,31	395,63	
	583,68		

Resseguradoras – prêmios cedidos			
(10)	328,32	328,32	(5)
		–	

7) Pelo reconhecimento da receita realizada no decorrer da vigência da apólice (data-base: 31/12/20X0)

$$\text{Cálculo da variação da PPNG de seguros} = \frac{61}{365} \times 912{,}00 = 152{,}42$$

$$\text{Cálculo do saldo da PPNG de Seguros} = \frac{304}{365} \times 912{,}00 = 759{,}58$$

Contabilização das operações

$$\text{Cálculo da variação da PPNG de resseguros} = \frac{61}{365} \times 328{,}32 = 54{,}87$$

$$\text{Cálculo do saldo da PPNG de resseguros} = \frac{304}{365} \times 328{,}32 = 273{,}45$$

Conta do Resultado Variação das provisões técnicas	Conta do Ativo Ativo de resseguros – prêmios e comissões diferidos	Conta do Passivo Provisão de prêmios não ganhos – PPNG
152,42 (11)	(6) 328,32 | 54,87 (12)	(11) 152,42 | 912,00 (2)
152,42	273,45	759,58

Variação das provisões técnicas – resseguradoras (prêmio – comissão)
(12) 54,87
54,87

8) Pela apropriação da despesa de comercialização incorrida no decorrer da vigência da apólice (data-base: 31/12/20X0)

$$\text{Cálculo da variação dos custos de aquisição diferidos de seguros} = \frac{61}{365} \times 91{,}20 = 15{,}24$$

$$\text{Cálculo do saldo dos custos de aquisição diferidos de seguros} = \frac{304}{365} \times 91{,}20 = 75{,}96$$

Conta do Resultado Variação dos custos de aquisição diferidos	Conta do Ativo Custos de aquisição diferidos
(13) 15,24	(4) 91,20 | 15,24 (13)
15,24	75,96

7.6 CANCELAMENTO DA APÓLICE

Caso ocorra o cancelamento da apólice antes do recebimento do prêmio, haverá o estorno dos lançamentos feitos na emissão e que continuavam pendentes de pagamentos até a data do cancelamento. O cancelamento deve ser registrado na subconta denominada "Prêmios Cancelados".

Caso o cancelamento ocorra após o recebimento de algumas parcelas do prêmio, haverá a restituição de prêmios. Na restituição os seguintes lançamentos devem ser realizados:

- **Prêmios de seguro**
  Débito: Prêmios restituídos (resultado)
  Crédito: Prêmios a restituir (passivo)

- **Comissão sobre os prêmios emitidos**
  Débito: Corretores de seguros (ativo)
  Crédito: Comissão sobre prêmios emitidos (resultado)

7.7 RECONHECIMENTO DE SINISTROS

7.7.1 Sinistro sem indenização integral

Quando um sinistro é avisado, a seguradora deve reconhecer a sua obrigação decorrente do sinistro, fazendo uma estimativa inicial:

- **Estimativa inicial de indenização**
  Débito: Sinistros – indenizações avisadas (resultado)
  Crédito: Provisão de sinistros a liquidar (PSL) (passivo)

- **Ajustes positivos/negativos na estimativa de indenização**
  Débito/crédito: Sinistros – indenizações avisadas (resultado)
  Crédito/débito: Provisão de sinistros a liquidar (passivo)

- **Pagamento de sinistros**
  Débito: Provisão de sinistros a liquidar (passivo)
  Crédito: Disponível (ativo)

- **Baixa de sinistros encerrados sem indenização**
  Caso não ocorra a indenização do sinistro, a seguradora deve reverter a Provisão de sinistros a liquidar constituída anteriormente.
  Débito: Provisão de sinistros a liquidar (passivo)
  Crédito: Sinistros – Indenizações avisadas (resultado)

- **Despesas de sinistros**
  Caso a seguradora incorra em despesas adicionais em decorrência do sinistro.
  Débito: Sinistros – despesas de sinistros (resultado)
  Crédito: Provisão de Sinistros a Liquidar (passivo)

7.7.2 Sinistros com indenização integral

Caso ocorra um sinistro com indenização integral, haverá o encerramento da apólice de seguro, ou seja, todo o valor constante na PPNG deverá ser revertido para o resultado como receita – Variação das provisões técnicas. Caso haja valores reconhecidos no ativo, no caso do resseguro cedido, este também deve ser baixado em contrapartida ao resultado.

Por exemplo, no caso de uma apólice de seguro de automóveis, cujo veículo foi roubado ou danificado com perda total, na data da ocorrência do sinistro a cobertura da apólice se encerrará e, por consequência, todos os valores relacionados àquela apólice devem ser baixados do ativo e do passivo da seguradora em contrapartida do resultado, reconhecendo-se a obrigação com o sinistro ocorrido, como demonstrado no item anterior.

7.8 SALVADOS

Salvados é o nome dado ao bem sinistrado que foi parcial ou integralmente recuperado, ou seja, há alguma recuperação para mitigar a perda com um sinistro que já foi indenizado pela seguradora.

Assim, no reconhecimento inicial, que é a entrada do salvado na seguradora, tem-se o seguinte registro contábil:

Débito: Bens à venda – salvados (ativo)

Crédito: Salvados (resultado)

Caso ocorram alterações no valor inicialmente reconhecido com os Salvados, ajusta-se o valor do bem sinistrado:

Débito/Crédito: Bens à venda – salvados (ativo)

Crédito/Débito: Salvados (resultado)

7.9 GARANTIA ESTENDIDA

Normalmente há um lapso temporal entre o início de vigência do contrato e o início de cobertura de risco, pois a cobertura do risco segurado inicia-se após a garantia do fabricante. Assim, a contratação e o recebimento do valor do prêmio ocorrem anteriormente ao início da vigência do seguro.

Exemplo:

Emissão, em 1/2/20X0, de apólice de seguro com garantia estendida de uma máquina de lavar roupas com vigência de 1 ano, após 1 ano de garantia do fabricante.

Valor de prêmio comercial: R$ 730,00

IOF: 7,38% sobre o prêmio comercial – R$ 53,87

Comissão: 15% do prêmio comercial – R$ 109,50

Vigência: 1/2/20X1 a 1/2/20X2 (após a garantia do fabricante, à 0h do dia 2/2/20X1)

O segurado efetuou o pagamento da apólice no dia 15/2/20X0.

Capítulo 7

Efetue os lançamentos na emissão, no recebimento, no início da vigência e no dia 28/02/20X1.

1) Pelo reconhecimento do prêmio comercial emitido

A seguradora possui o valor de R$ 783,87 a ser recebido do segurado, o qual se refere a R$ 730,00 do prêmio e R$ 53,87 de IOF cobrado do segurado na operação.

Conta do Ativo Prêmios a receber	Conta do Resultado Prêmios – riscos emitidos	Conta do Passivo IOF a recolher
(1) 783,87	730,00 (1)	53,87 (1)
783,87	730,00	53,87

2) Pelo reconhecimento da provisão de prêmios não ganhos – outras provisões técnicas

A apropriação dos prêmios emitidos deve ser feita conforme a fluência do prazo de cobertura do risco. Assim, na data de emissão da apólice, em 1/2/20X0, deve-se reconhecer a PPNG referente aos riscos a decorrer. Como neste caso a apólice não está em vigência, o valor da PPNG será reconhecido em Outras provisões técnicas, até que a apólice entre em vigência, ou seja, a partir de 2/2/20X1.

Conta do Resultado Variação das provisões técnicas	Conta do Passivo Outras provisões técnicas
(2) 730,00	730,00 (2)
730,00	730,00

3) Pelo reconhecimento da comissão de corretagem e seu diferimento

Conta do Resultado Comissão sobre prêmios emitidos	Conta do Ativo Custos de aquisição diferidos)	Conta do Passivo Comissão sobre prêmios a pagar
(3) 109,50	(4) 109,50	109,50 (3)
109,50	109,50	109,50

Contabilização das operações

Variação dos custos de aquisição diferidos

	109,50 (4)
	109,50

4) Pelo recebimento do prêmio emitido, pagamento da Comissão e do IOF em 15/02/20X0

Conta do Ativo
Prêmios a receber

(1) 783,87	783,87 (5)
–	

Conta do Passivo
IOF a recolher

(6) 53,87	53,87 (1)
	–

Disponível

(5) 783,87	53,87 (6)
	109,50 (7)
783,87	163,37
620,50	

Comissão sobre prêmios a pagar

(7) 109,50	109,50 (3)
	–

5) Pelo reconhecimento da receita realizada no decorrer do primeiro mês da vigência da apólice (data-base: 28/2/20X1)

$$\text{Cálculo da variação da PPNG} = \frac{27}{365} \times 730 = 54{,}00$$

$$\text{Cálculo do saldo da PPNG} = \frac{338}{365} \times 730 = 676{,}00$$

Conta do Resultado
Variação das provisões técnicas

	54,00 (8)
	54,00

Conta do Passivo
Provisão de prêmios não ganhos

(8) 54,00	730,00 (2)
	676,00

Capítulo 7

6) Pela apropriação dos custos de aquisição diferidos em 28/2/20X1

$$\text{Cálculo da variação dos custos de aquisição diferidos} = \frac{27}{365} \times 109{,}50 = 8{,}10$$

$$\text{Cálculo do saldo dos custos de aquisição diferidos} = \frac{338}{365} \times 109{,}50 = 101{,}40$$

Conta do Resultado Variação dos custos de aquisição diferidos		Conta do Ativo Custos de aquisição diferidos	
(9) 8,10		(3) 109,50	8,10 (9)
8,10		101,40	

 EXERCÍCIOS

1. Emissão de apólice de seguro residencial com as seguintes características:
   - Vigência: 2/1/20X0 a 1/1/20X1 (inicia-se à 0h do dia 2 de janeiro de 20X0)
   - Prêmio comercial: R$ 600,00 equivalente ao preço à vista, pago em 10/1/20X0
   - IOF: 7,38% sobre o prêmio comercial – R$ 44,28
   - Apólice emitida no mesmo dia do início da cobertura
   - Comissão: 20% sobre o prêmio comercial

   Pede-se: Efetue os lançamentos contábeis referentes à emissão da apólice, recebimento do prêmio e pagamento do IOF e da comissão.

2. Emissão de apólice de seguro automotivo com as seguintes características:
   - Vigência: 2/12/20X0 a 2/12/20X1 (inicia-se à 0h do dia 3 de dezembro de 20X0)
   - Prêmio comercial: R$ 1.200,00 equivalente ao preço à vista, pago em 8/12/20X0
   - IOF: 7,38% sobre o prêmio comercial – R$ 88,56
   - Apólice emitida no mesmo dia do início da cobertura
   - Comissão: 10% sobre o prêmio comercial

   Pede-se: Efetue os lançamentos contábeis necessários para apurar os dados de todas as contas em 31/12/X0.

3. Emissão de apólice de seguro residencial com as seguintes características:

- Vigência de 1 ano – 30/9/20X0 a 30/9/20X1 (inicia-se à 0h do dia 1º de outubro de 20X0)
- Prêmio comercial: R$ 1.500,00, a prazo, com pagamento para 31/10/20X0
- IOF: 7,38% sobre o prêmio comercial (com os juros) – R$ 112,91
- Juros sobre o prêmio: R$ 30,00
- Apólice emitida no mesmo dia de início da cobertura
- Comissão de 10% sobre o prêmio comercial: R$ 150,00
- Comissão sobre os juros: R$ 3,00

Pede-se: Efetue os lançamentos contábeis referentes à emissão da apólice e todos os demais lançamentos para apurar os saldos de todas as contas em 31/10/X0, considerando que o prêmio foi recebido nessa data.

4. Emissão de apólice de seguro contra incêndio industrial com as seguintes características:
   - Vigência de 1 ano – 30/4/20X0 a 30/4/20X1 (inicia-se à 0h do dia 1º de maio de 20X0)
   - Prêmio comercial: R$ 4.500,00, à vista, com pagamento para 18/5/20X0
   - IOF: 7,38% sobre o prêmio comercial – R$ 332,10
   - Apólice emitida no mesmo dia de início da cobertura
   - Comissão de 10% sobre o prêmio comercial: R$ 450,00
   - Prêmio cedido em cosseguro: 30% – R$ 1.350,00
   - Comissão de cosseguro: 10% sobre o prêmio cedido – R$ 135,00

   Pede-se: Efetue os lançamentos contábeis referentes à emissão da apólice em 30/04/X0.

5. Considere os seguintes dados referentes à emissão de uma apólice de seguro:
   - Seguro contra roubo
   - Vigência de 1 ano – 30/11/20X0 a 30/11/20X1 (inicia-se à 0h do dia 1º de dezembro de 20X0)
   - Prêmio comercial: R$ 6.000,00, à vista, com pagamento para 20/12/20X0
   - IOF: 7,38% sobre o prêmio comercial – R$ 442,80
   - Apólice emitida no mesmo dia de início da cobertura
   - Comissão de 15% sobre o prêmio comercial: R$ 900,00
   - Prêmio cedido em resseguro: 20% – R$ 1.200,00
   - Comissão de resseguro: 10% – R$ 120,00

   Pede-se: Efetue os lançamentos contábeis referentes à emissão da apólice em 30/11/X0.

Capítulo 7

6. Considere os seguintes dados referentes à emissão de uma apólice de seguro:
   - Prêmio comercial: R$ 850,00
   - IOF: 7,38% sobre o prêmio comercial (com os juros – R$ 64,21)
   - Comissão: 15% sobre o prêmio comercial – R$ 127,50
   - Condições de pagamento: 50% de entrada e 50% em 30 dias com R$ 20,00 de juros
   - Comissão sobre os juros: R$ 3,00
   - Cessão em cosseguro: 40% do prêmio comercial
   - Comissão de cosseguro: 20% sobre o prêmio cedido
   - Importância segurada: R$ 40.000,00
   - Vigência: 1/7/20X0 a 1/7/20X1 (inicia-se à 0h do dia 2 de julho de 20X0)
   - Data do aviso do sinistro: 1/11/20X0
   - Data da liquidação do sinistro: 10/11/20X0. A parte do sinistro relativa ao cosseguro ainda não foi recebida pela seguradora.

   Considere o saldo inicial da conta "Banco" igual a R$ 100.000,00.

   Pede-se: Prepare os lançamentos contábeis relativos à emissão da apólice, recebimento do prêmio, pagamento do IOF e da comissão ao corretor. Prepare os lançamentos relativos ao aviso e ao pagamento de sinistro proveniente da mesma apólice.

7. Considere os seguintes dados referentes à emissão de uma apólice de seguro:
   - Prêmio Comercial: R$ 1.000,00
   - IOF: 7,38% sobre o prêmio comercial – R$ 73,80
   - Comissão: 10% sobre o prêmio comercial – R$ 100,00
   - Pagamento: à vista
   - Cessão em resseguro: 50% do prêmio comercial
   - Comissão de resseguro: 15% sobre o prêmio cedido
   - Importância segurada: R$ 60.000,00
   - Vigência: 1/10/20X0 a 1/10/20X1 (inicia-se à 0h do dia 2 de outubro de 20X0)
   - Data do aviso do sinistro: 1/11/20X0
   - Data da liquidação do sinistro: 5/11/20X0. A parte do sinistro relativa ao resseguro ainda não foi recebida pela seguradora.

   Considere o saldo inicial da conta "Banco" igual a R$ 100.000,00.

   Pede-se: Prepare os lançamentos contábeis relativos à emissão da apólice, com os respectivos pagamentos de IOF e da comissão ao corretor. Prepare os lançamentos relativos ao aviso e ao pagamento de sinistro proveniente da mesma apólice.

FORMULÁRIO DE INFORMAÇÕES PERIÓDICAS (FIP)

Objetivos de Aprendizagem

- ☑ Demonstrar a importância do Formulário de Informações Periódicas e o seu conteúdo detalhadamente.
- ☑ Evidenciar os dados contábeis e extracontábeis das seguradoras e de outras entidades supervisionadas, como a Susep.

8.1 INTRODUÇÃO

O Formulário de Informações Periódicas (FIP) consiste em um programa de envio de informações contábeis e não contábeis que atende a todos os mercados supervisionados pela Susep (seguros, previdência, capitalização, resseguros e corretoras de resseguros).

O FIP é um conjunto de quadros com informações que as seguradoras enviam mensalmente para a Susep. Essas informações proporcionam uma visão ampla do desempenho mensal das seguradoras brasileiras, pois os quadros abordam todas as áreas das companhias de seguros. Em outras palavras, de uma forma geral, o FIP é um "raio x" das seguradoras visto pela Susep e pelo mercado.

O FIP é uma excelente ferramenta para a Susep acompanhar e fiscalizar as seguradoras, pois os diversos quadros e questionários são capazes de identificar a situação atual das companhias, proporcionando informações como: se a seguradora: (i) emitiu mais ou menos prêmios nas apólices de seguro; (ii) reduziu ou aumentou os valores de sinistros avisados; (iii) apresentou lucro ou prejuízo; (iv) cobriu adequadamente as suas provisões; (v) dentre várias outras informações.

Ao realizar o envio mensal das informações para a Susep, o programa realiza a validação dos dados que estão sendo transmitidos e, caso haja inconsistências, as críticas apontadas pelo programa devem ser justificadas pela seguradora.

O FIP deve ser enviado pelas seguradoras até o dia 20 (vinte) do mês subsequente ao de referência das informações constantes em cada quadro, ou seja, o FIP de fevereiro deve ser enviado para a Susep até o dia 20 de março, por exemplo.

8.2 COMPOSIÇÃO DOS QUADROS

O FIP é composto por quadros contendo diversas informações sobre: (i) cadastro da seguradora; (ii) prêmios, sinistros e comissões, abertas por ramos de seguro; (iii) suas demonstrações contábeis; (iv) dentre tantas outras informações. Os quadros e seus conteúdos são os seguintes:

Quadro 1 – Dados Cadastrais

Trata de dados relativos a: (i) cadastro; (ii) operações; (iii) dados complementares; (iv) ramos em que a seguradora opera; (v) membros de órgãos estatutários; (vi) participações de acionistas; (vii) identificação de contas em moeda estrangeira; (viii) dados do auditor atuarial independente; (ix) dados do auditor contábil independente etc.

Na parte de cadastro há informações como nome, CNPJ, endereço, contato, telefone, regiões em que a seguradora opera, dentre outras. Na parte de operações há informações sobre em qual segmento a seguradora opera (seguros de danos, seguros de vida ou previdência complementar aberta). A abordagem deste capítulo é para o segmento de seguros.

Nos dados complementares há informações sobre o atuário, o contador, o registro dos dois profissionais nos seus respectivos órgãos de classe, a quantidade de funcionários da seguradora e o contato das pessoas responsáveis pelas diversas áreas da seguradora.

Nos dados cadastrais há uma parte que descreve os ramos em que a seguradora opera. Na parte dos membros de órgãos estatutários são informados nomes, CPFs e períodos de mandato dos diretores estatutários e dos membros do conselho de administração.

Na parte de participações de acionistas são informados os dados (nome, nacionalidade, CPF ou CNPJ dos acionistas da seguradora, pessoa física ou jurídica) nos seus diversos níveis, bem como a quantidade de ações ordinárias e preferenciais que cada participante detém na seguradora.

Ainda no Quadro 1, na parte das contas em moeda estrangeira, a seguradora deve preencher o saldo existente no final de cada mês, a instituição bancária, a agência e o número da conta e, para finalizar os dados cadastrais, a seguradora deve enviar os dados completos do auditor contábil e do auditor atuarial, ambos independentes, que auditam a seguradora.

Quadro 2 – Mapas Demonstrativos – Prêmios Ganhos

Nesse quadro devem ser preenchidos diversos campos que formam o prêmio ganho (resultado). Há campos para prêmios emitidos de seguros, prêmios de cosseguro aceito e cedido, cancelamentos, restituições, retrocessões aceitas, prêmios de resseguro cedido, comissão de resseguro, variação dos ativos de resseguro e variação das provisões técnicas. Em todos os campos as informações são discriminadas por ramo.

O Quadro 2R – Mapas Demonstrativos por Grupos – Prêmios Ganhos deve ser preenchido pelas resseguradoras locais.

Quadro 3 – Mapas Demonstrativos – Provisões Técnicas

Nesse quadro devem ser preenchidos diversos campos que formam as provisões técnicas (passivo), tais como: provisão de prêmios não ganhos (PPNG), provisão de sinistros a liquidar (PSL), provisão de sinistros ocorridos e não avisados (IBNR), provisão de despesas relacionadas (PDR), provisão matemática de benefícios a conceder (PMBaC), provisão matemática de benefícios concedidos (PMBC), provisão complementar de cobertura (PCC) proveniente da PPNG, PMBaC e PMBC, provisão de excedentes técnicos (PET), provisão de excedentes financeiros (PEF), provisão de resgate e outros valores a regularizar (PVR) e outras provisões técnicas (OPT). Em todos os campos as informações são discriminadas ramo a ramo.

O Quadro 3R – Mapas Demonstrativos por Grupos – Provisões Técnicas deve ser preenchido pelas resseguradoras locais.

Quadro 4 – Mapas Demonstrativos – Ativos de Resseguro

Nesse quadro devem ser preenchidos diversos campos que formam os ativos de resseguro, tais como ativos de resseguro (PPNG), redução ao valor recuperável, créditos com a resseguradora, sinistros pagos, despesas pagas e campos para cada uma das provisões ativas (PCC, PPNG, PSL, IBNR e PDR). Em todos os campos as informações são discriminadas ramo a ramo.

O Quadro 4R – Mapas Demonstrativos por Grupos – Ativos de Retrocessão deve ser preenchido pelas resseguradoras locais.

Quadro 5 – Mapas Demonstrativos – Prêmios a Receber e Direitos Creditórios

Nesse quadro as seguradoras devem informar, para cada ramo de seguro, os valores contabilizados no mês de referência relativos a prêmios a receber, bem como os

Capítulo 8

valores de direitos creditórios oferecidos como redutores da necessidade de cobertura das provisões técnicas que podem ser utilizados para compor os ativos garantidores.

O Quadro 5R – Mapas Demonstrativos por Grupos – Prêmios a Receber e Direitos Creditórios deve ser preenchido pelas resseguradoras locais.

Quadro 6 – Mapas Demonstrativos – Sinistros Ocorridos

Nesse quadro as seguradoras devem informar, para cada ramo, os valores contabilizados no mês de referência relativos a sinistros ocorridos e recuperações com resseguro de suas operações estruturadas no regime financeiro de repartição simples, bem como as despesas com benefícios e as recuperações com resseguro de suas operações estruturadas nos regimes financeiros de repartição de capitais de cobertura e capitalização.

O Quadro 6R – Mapas Demonstrativos por Grupos – Sinistros Ocorridos deve ser preenchido pelas resseguradoras locais.

Quadro 7 – Mapas Demonstrativos – Sinistros a Liquidar e Recuperações com Resseguro

Nesse quadro as seguradoras devem informar, para cada ramo de seguro, os valores contabilizados no mês de referência relativos às provisões e ativos de resseguro redutores de PSL, IBNR e PDR, bem como os créditos com resseguradores de sinistros já liquidados e os depósitos judiciais oferecidos como redutores da necessidade de cobertura das provisões técnicas que podem ser utilizados para compor os ativos garantidores.

O Quadro 7R – Mapas Demonstrativos por Grupos – Sinistros a Liquidar e Recuperações com Retrocessões deve ser preenchido pelas resseguradoras locais.

Quadro 8 – Mapas Demonstrativos – Custo de Aquisição

Nesse quadro as seguradoras devem informar, para cada ramo de seguro, os valores contabilizados no mês de referência relativos aos custos de aquisição e custos de aquisição diferidos, bem como, no segundo caso, a parcela oferecida no mês de referência como redutor da necessidade de cobertura das provisões técnicas que podem ser utilizadas para compor os ativos garantidores.

O Quadro 8R – Mapas Demonstrativos – Custo de Aquisição deve ser preenchido pelas resseguradoras locais.

Totais de Mapas Demonstrativos

São os totais gerados considerando os quadros já inseridos no sistema. Nesse quadro podem ser visualizados os totais dos mapas demonstrativos por ramo de seguro, conforme mostra a Figura 8.1:

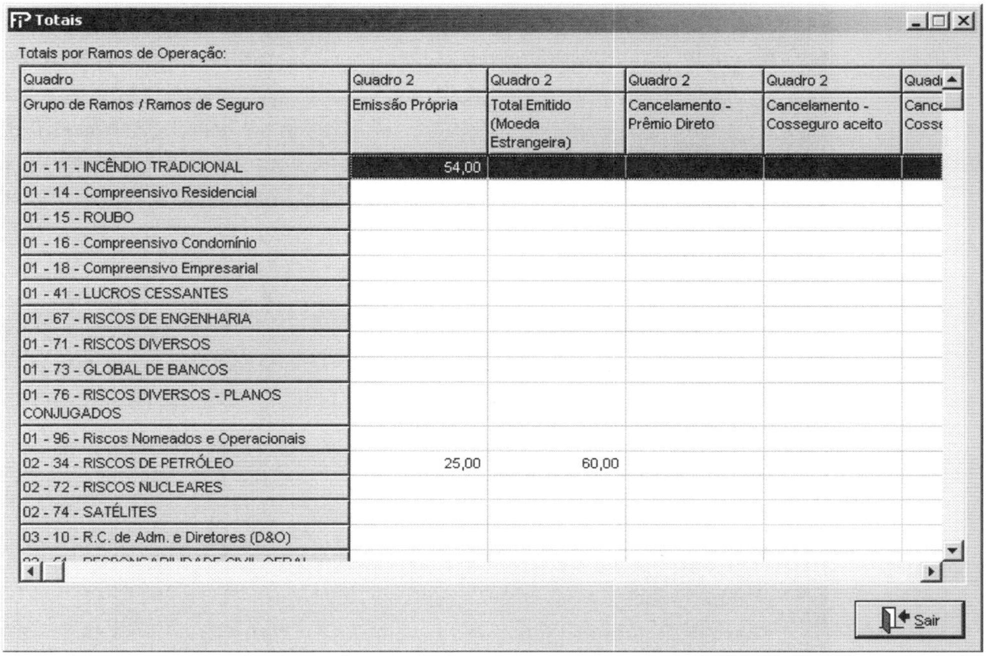

Formulário de informações periódicas (FIP)

Fonte: FIP Susep.
Figura 8.1 Totais por ramos de operação.

Quadro 14A – Distribuição Regional – Seguros

Nesse quadro devem ser preenchidos campos para prêmios (diretos e retidos) e sinistros avisados, ramo a ramo, por unidade da Federação. Há ainda os Quadros 14B, C e D para outros segmentos.

Quadro 16 – Necessidade de Cobertura das Provisões Técnicas

Nesse quadro devem ser informados os saldos das provisões técnicas apurados pela seguradora, bem como os ajustes (ativos redutores) que alteram a necessidade de cobertura das provisões por ativos garantidores. As provisões técnicas e os ajustes devem ser segregados por segmento de atuação, conforme a estrutura do quadro. Devem ser informados todos os valores relativos aos riscos emitidos (moeda nacional e moedas estrangeiras).

No Quadro 16A – Necessidade de Cobertura das Provisões Técnicas (Moeda Estrangeira) devem ser informados somente os valores relativos aos riscos emitidos em moeda estrangeira, devidamente convertidos em reais pela cotação utilizada nas demonstrações contábeis.

Capítulo 8

Quadro 16 - Necessidade de Cobertura das Provisões Técnicas

Nome da conta	Valor
01 TOTAL A SER COBERTO	
02 PROVISÕES TÉCNICAS - SEGUROS	
03 Seguros - Danos e Pessoas (Exceto VI, Dotais e VGBL)	
04 Provisão de Prêmios Não Ganhos (PPNG)	
05 Provisão de Sinistros a Liquidar (PSL)	
06 Provisão de Sinistros Ocorridos e Não Avisados (IBNR)	
07 Provisão Matemática de Benefícios a Conceder (PMBAC)	
08 Provisão Matemática de Benefícios Concedidos (PMBC)	
09 Provisão Complementar de Cobertura (PCC)	
10 Provisão de Despesas Relacionadas (PDR)	
11 Provisão de Excedentes Técnicos (PET)	
12 Provisão de Excedentes Financeiros (PEF)	
13 Provisão de Resgates e Outros Valores a Regularizar (PVR)	
14 Outras Provisões Técnicas (OPT)	
15 Seguros - Vida Individual e Dotais	
16 Provisão de Prêmios Não Ganhos (PPNG)	

Fonte: FIP Susep.
Figura 8.2 Necessidade da cobertura das provisões técnicas.

Quadro 17T – Ativos Totais – Títulos Públicos

Nesse quadro devem ser preenchidos o código do título público, o nome e código dos títulos na Selic/Cetip, a quantidade de títulos, datas de emissão, vencimento e compra do título, informação sobre se o título é pré ou pós-fixado, classificação do título (disponível para venda, mantido até o vencimento ou disponível para negociação), tipo de marcação a mercado, taxa de juros, preço de compra e valor de avaliação total do título. Em todos os campos as informações devem ser discriminadas título a título.

Quadro 18T – Ativos Totais – Ações

Nesse quadro devem ser informadas todas as ações (inclusive bônus, recibos e direitos) e participações societárias integrantes do ativo da seguradora.

Quadro 19 – Bens Vinculados – Imóveis

Nesse quadro devem ser informados os imóveis cuja escritura possua cláusula (averbação ou registro) de vínculo com a Susep. Cada registro deve se referir a uma única matrícula.

No Quadro 19A – Bens Livres – Imóveis devem ser informados os imóveis livres, ou seja, sem vínculo com a Susep. O preenchimento segue o mesmo procedimento do Quadro 19.

Quadro 20T – Ativos Totais – Outras Aplicações

Nesse quadro devem ser preenchidos os saldos de todos os ativos aplicados e que não estão especificados nos Quadros 17T, 18T, 19 e 19A, tais como fundos de investimento e títulos privados de renda fixa.

Quadro 22A – Balanço Patrimonial – Ativo

Nesse quadro devem constar os saldos de cada uma das contas do ativo, agregadamente (sinteticamente). Não são os saldos das contas mais analíticas do plano de contas, porém o nível de abertura desse quadro é muito superior ao nível utilizado na divulgação das demonstrações contábeis.

Quadro 22P – Balanço Patrimonial – Passivo

Nesse quadro devem constar os saldos de cada conta do passivo, agregadamente (sinteticamente). Não são os saldos das contas mais analíticas do plano de contas, porém o nível de abertura deste quadro é muito superior ao nível utilizado na divulgação das demonstrações contábeis.

Quadro 23 – Demonstração do Resultado no Período

Nesse quadro devem constar os saldos de cada uma das contas de receitas e despesas, de maneira agregada. Não são os saldos das contas mais analíticas do plano de contas, porém o nível de abertura desse quadro é muito superior ao nível utilizado na divulgação das demonstrações contábeis. Há ainda os Quadros 23C, P, S, R, PS e SP para outros segmentos ou os que combinam seguros com outros segmentos, como ocorre no caso "SP", que combina seguros e previdência.

Quadro 24 – Demonstração – Mutações do Patrimônio Líquido

Nesse quadro devem constar os saldos das contas do patrimônio líquido das empresas com fins lucrativos. Há ainda o Quadro 24A que deve ser utilizado pelas entidades abertas de previdência complementar sem fins lucrativos.

Quadro 25B – Demonstração – Fluxos de Caixa

Nesse quadro devem constar os saldos positivos ou negativos dos fluxos de caixa, pelo método direto, gerados pelas empresas nas suas atividades operacionais, de

Capítulo 8

investimento e de financiamento. Há ainda o Quadro 24C, que deve ser utilizado pelas empresas, utilizando o método indireto. Não há Quadro 25 ou mesmo 25A.

Quadro 28 – Demonstração – Patrimônio Líquido Ajustado

Nesse quadro deve constar a composição do patrimônio líquido ajustado, o qual foi tratado em capítulo específico deste livro.

Quadro 51 – Mapas Demonstrativos – Movimentação de Resseguros – Repasse

Nesse quadro deve ser informado o movimento mensal relativo aos contratos de resseguro, na moeda nacional, acordados entre as seguradoras e as resseguradoras. São informados o nome da resseguradora, os números dos contratos e os valores repassados, por ramo de seguro. Há ainda os Quadros 51R, 51A e 51AR que devem ser preenchidos pelas resseguradoras locais.

Quadro 52 – Mapas Demonstrativos – Limites de Retenção

Nesse quadro deve constar o valor do limite de retenção por ramo, o qual foi tratado em capítulo específico deste livro. Há ainda o Quadro 52R que deve ser preenchido pelas resseguradoras locais. O quadro é mensal, mas as alterações ocorrem nos fechamentos de balanço de junho e dezembro de cada ano. Assim sendo, os quadros permanecem iguais nos meses de junho a novembro e de dezembro a maio. Podem ocorrer alterações fora dos meses de junho e dezembro somente se houver aumento ou redução de capital.

Quadro 76 – Derivativos – Futuros e *Swaps*

Nesse quadro devem ser preenchidas as informações sobre as operações de futuros e *swaps*, considerando as posições da seguradora no fechamento do mês de referência do FIP.

Quadro 77 – Derivativos – Opções

Nesse quadro devem ser preenchidas as informações sobre as operações com opções, considerando as posições da seguradora no fechamento do mês de referência do FIP.

Há quadros específicos para informar os capitais de risco de crédito, tanto para a parcela 1 quanto para a parcela 2. Tais capitais foram tratados em capítulo específico deste livro.

Formulário de informações periódicas (FIP)

Quadro 8.1 Quadros específicos do capital de risco de crédito

Quadro	Nome do Quadro
84	Capital de Risco de Crédito – Parcela 1 (CRCRED1) – Resseguradores
85	Capital de Risco de Crédito – Parcela 1 (CRCRED1) – Seguradoras e EAPCs
86	Capital de Risco de Crédito – Parcela 1 (CRCRED1) – Seguradoras
87	Capital de Risco de Crédito – Parcela 1 (CRCRED1) – EAPCs
88	Capital de Risco de Crédito – Parcela 1 (CRCRED1) – Capitalização
89	Capital de Risco de Crédito – Parcela 1 (CRCRED1) – Resseguradores
90	Capital de Risco de Crédito – Parcela 2 (CRCRED2)

Fonte: preparado pelos autores.

Quadro 84 – Capital de Risco de Crédito – Parcela 1 (CRcred1) – Resseguradores

Esse quadro, que precisa ser preenchido pelas seguradoras, deve conter os valores a receber das resseguradoras, os quais são base de cálculo para o capital proveniente da parcela 1 do risco de crédito. Os valores ativos são os prêmios a receber de retrocessão, sinistros a recuperar, comissões a recuperar etc.

Quadro 85 – Capital de Risco de Crédito – Parcela 1 (CRcred1) – Seguradoras e EAPCs

Esse quadro, que precisa ser preenchido pelas seguradoras, deve conter os valores a receber de cosseguro aceito e das EAPCs, os quais são a base de cálculo para o capital proveniente da parcela 1 do risco de crédito. Os valores ativos são os prêmios a receber de cosseguro aceito, sinistros a recuperar, comissões e outros créditos a recuperar etc.

Quadro 85 - Capital de Risco de Crédito - Parcela 1 (CRCred1) - Seguradoras e EAPCs	
Nome da conta	Valor
01 Créditos referentes aos prêmios a receber de parcelas vencidas-cosseguro aceito	
02 Créditos referentes aos sinistros a recuperar	
03 Créditos referentes às comissões e a outros créditos a recuperar	
04 Créditos a receber - transferência de carteira de seguros	
05 Créditos a receber - transferência de carteira de previdência complementar	
06 Custos de aquisição diferidos - comissões pag. às sociedades seguradoras	
07 Créditos a receber - operações de repasse	
08 (-) Redução ao valor recuperável	

Fonte: FIP Susep.

Figura 8.3 Capital de risco de crédito.

Capítulo 8

Quadro 86 – Capital de Risco de Crédito – Parcela 1 (CRcred1) – Seguradoras

Esse quadro, que precisa ser preenchido pelas resseguradoras locais, deve conter os valores a receber das seguradoras, os quais são a base de cálculo para o capital proveniente da parcela 1 do risco de crédito. Os valores ativos são os prêmios a receber de resseguro aceito, outros créditos a recuperar etc.

Quadro 87 – Capital de Risco de Crédito – Parcela 1 (CRcred1) – EAPCs

Esse quadro, que precisa ser preenchido pelas EAPCs, deve conter os valores a receber também das EAPCs, os quais são a base de cálculo para o capital proveniente da parcela 1 do risco de crédito. Os valores ativos são os créditos a receber de transferência de carteira e de repasses, deduzidos de eventual *impairment*.

Quadro 88 – Capital de Risco de Crédito – Parcela 1 (CRcred1) – Capitalização

Esse quadro, que precisa ser preenchido pelas sociedades de capitalização, deve conter os valores a receber da contraparte relativa também às sociedades de capitalização, os quais são a base de cálculo para o capital proveniente da parcela 1 do risco de crédito. Os valores ativos são os créditos a receber de transferência de carteira, deduzidos de eventual *impairment*.

Quadro 89 – Capital de Risco de Crédito – Parcela 1 (CRcred1) – Resseguradores

Apesar de o quadro ter o mesmo nome do Quadro 84, este não deve ser preenchido pelas seguradoras e sim pelas resseguradoras locais, complementando o Quadro 86. Nele é preciso constar os valores a receber das resseguradoras, os quais são a base de cálculo para o capital proveniente da parcela 1 do risco de crédito. Os valores ativos são os prêmios a receber de retrocessão, sinistros a recuperar, comissões a recuperar etc.

Quadro 90 – Capital de Risco de Crédito – Parcela 2

Esse quadro, que precisa ser preenchido por todas as sociedades supervisionadas pela Susep, deve conter os valores calculados para o capital proveniente da parcela 2 do risco de crédito. Trata-se de um quadro extenso, pois devem constar os valores advindos dos demais ativos das empresas, tais como aplicações financeiras, créditos tributários, títulos e créditos a receber etc., conforme já tratado em capítulo específico.

É importante salientar que os cálculos mensais do fator de ponderação de risco devem ser trimestralmente auditados por auditores independentes, e o relatório de auditoria resultante ficar à disposição da Susep.

Quadro 92 – Mapa de Cálculo da Taxa de Fiscalização

Esse quadro deve ser preenchido por todas as sociedades supervisionadas pela Susep. No caso das seguradoras devem ser inseridos os valores que são utilizados para o cálculo da Taxa de Fiscalização à Susep. Essa taxa é trimestral e foi instituída pelo Governo Federal (atualmente Decreto nº 8.510/2013 e Lei nº 12.249/2010). A taxa é calculada considerando os valores do patrimônio líquido relativos ao saldo final de cada trimestre, ou seja, dezembro, março, junho e setembro de cada ano, e é paga no décimo dia dos meses de janeiro, abril, julho e outubro. Em tese, quanto maior for a seguradora, maior será seu patrimônio líquido e, consequentemente, maior será a taxa de fiscalização trimestral a ser paga.

Quadros preparados pelas empresas para Cálculo do Risco de Mercado

Quadro 8.2 Quadros para cálculo do risco de mercado

419	Fluxos de Ativos Financeiros para o Risco de Mercado
420	Fluxos de Direitos e Obrigações Relacionados a Contratos de Seguros para o Risco de Mercado
421	Fluxos de Demais Ativos e Passivos para o Risco de Mercado
422	Saldos de Excedentes para o Risco de Mercado
423	Detalhamento dos Códigos de Ramos e Planos para o Risco de Mercado

Fonte: preparado pelos autores.

Os quadros compreendidos entre os números 419 e 423 foram criados em 2015 para cálculo do risco de mercado. De maneira facultativa esses quadros podem ser preenchidos mensalmente por todas as empresas supervisionadas pela Susep. Para o ano de 2016 o preenchimento desses quadros é obrigatório para os meses de junho e dezembro, e, a partir de 2017, os quadros passam a ser trimestrais (março, junho, setembro e dezembro). A particularidade é que tais quadros podem ser encaminhados para a Susep em até 7 dias após a data limite da entrega do FIP.

Quadro de *Ratings* de Resseguradoras Eventuais

Nesse quadro devem ser preenchidas as informações relativas à avaliação da resseguradora eventual, conforme classificação efetuada pelas agências de *rating*, aceitas pela Susep.

Há diversos quadros que foram descontinuados pela Susep. Existem, ainda, quadros específicos para entidades abertas de previdência complementar, capitalização e resseguradoras. Estes não fazem parte do escopo deste livro, mas serão listados a seguir:

Capítulo 8

Quadro 8.3 Relação de outros quadros não abordados

Quadro	Nome do Quadro
44A	Portabilidades Internas
44B	Portabilidades Externas
46B	Composição da Carteira dos FIEs e dos Fifes – Ações
47B	Composição da Carteira dos FIEs e dos Fifes – Títulos Públicos
48B	Composição da Carteira dos FIEs e dos Fifes – Outras Aplicações
49C	Patrimônio em Diferimento
49D	Patrimônio em Benefício
55	Provisões dos Títulos de Capitalização
64A	Movimento por PGBL / PAGP / PRGP / PRSA / PRI – Provisões Matemáticas por Fundo
74A	Movimento por VGBL / VAGP / VRGP / VRSA / PRI – Provisões Matemáticas por Fundo
75C	Resultados e Outros Valores – FIE
75D	Resultados e Outros Valores – Fife
75E	Prazos Consolidados dos FIEs
91	Prêmios e Sinistros Retidos – Resseguros Proporcionais
93	Movimento de Sorteios de Títulos
100	Movimentação de Resseguros por Cedente
101	Movimentos dos Títulos de Capitalização
102	Movimento por Previdência Tradicional – Contribuições Emitidas
103	Movimento por Pessoas Individual – Vida e Dotais – Prêmios Emitidos
104	Movimento por PGBL / PAGP / PRGP / PRSA / PRI – Contribuições Arrecadadas
105	Movimento por VGBL / VAGP / VRGP / VRSA / PRI – Contribuições Arrecadadas
106	Movimento por Previdência Tradicional – Benefícios Pagos
107	Movimento por Pessoas Individual – Vida e Dotais – Benefícios Pagos
108	Movimento por PGBL / PAGP / PRGP / PRSA / PRI – Benefícios Pagos
109	Movimento por VGBL / VAGP / VRGP / VRSA / PRI – Benefícios Pagos
110	Provisões Técnicas por Plano – Previdência Tradicional
111	Provisões Técnicas por Plano – Pessoas Individual – Vida e Dotais
112	Provisões Técnicas por Plano – PGBL / PAGP / PRGP / PRSA / PRI
113	Provisões Técnicas por Plano – VGBL / VAGP / VRGP / VRSA / PRI
114	Movimento por Previdência Tradicional – Resgates Pagos
115	Movimento por Pessoas Individual – Vida e Dotais – Resgates Pagos
116	Movimento por PGBL / PAGP / PRGP / PRSA / PRI – Resgates Pagos

Formulário de informações periódicas (FIP)

Quadro	Nome do Quadro
117	Movimento por VGBL / VAGP / VRGP / VRSA / PRI – Resgates Pagos
118A	Plano de Fiscalização – Plano Anual de Fiscalização
118B	Plano de Fiscalização – Execução do Plano de Fiscalização
404	Movimentação de Sinistros – Resseguro e Retrocessão Aceita
405	Movimentação de Sinistros – Recuperações em Operações de Retrocessão
406	Movimentação de Sinistros a Liquidar – Resseguro e Retrocessão Aceita
407	Movimentação de Sinistros a Liquidar – Recuperações em Operações de Retrocessão
408	Movimentação de Prêmios – Resseguro e Retrocessão Aceita
409	Movimentação de Prêmios – Repasse em Operações de Retrocessão

Fonte: preparado pelos autores.

Obs.: alguns desses quadros são preenchidos pelas seguradoras que atuam no segmento de vida e previdência, porém os produtos ofertados têm características de previdência, tais como os VGBLs.

Há também no FIP quadros estatísticos analíticos que tratam de diversas contas patrimoniais e de resultado, tais como prêmios, sinistros e benefícios concedidos. O cruzamento das informações constantes nos quadros com os demais quadros do FIP exige a adoção de bons sistemas e controles. Segue relação dos quadros:

Quadro 8.4 Quadros estatísticos de movimento de prêmios e sinistros

Quadro	Nome do Quadro
376	Quadro de Estatísticas de Movimento de Sinistros A
377	Quadro de Estatísticas de Movimento de Sinistros a Liquidar A
378	Quadro de Estatísticas de Movimento de Prêmios A
379	Quadro de Estatísticas de Movimento de Sinistros B
380	Quadro de Estatísticas de Movimento de Sinistros a Liquidar B
381	Quadro de Estatísticas de Movimento de Benefícios Concedidos
382	Quadro de Estatísticas de Movimento de Prêmios B

Fonte: preparado pelos autores.

Também fazem parte do FIP diversos questionários elaborados pela Susep para obtenção de informações complementares das sociedades por ela supervisionadas. Os

Capítulo 8

questionários devem ser auditados por auditores independentes. Segue relação dos questionários:

Quadro 8.5 Questionários exigidos pela Susep

Questionário Trimestral	Questionário de Riscos (Previdência)
Questionário Trimestral – Conceituação das Questões	Questionário de Riscos – Conceituação das Questões
Questionário de Riscos (Seguros)	Questionário de Informática
Questionário de Riscos – Conceituação das Questões	Questionário de Informática – Conceituação das Questões

Fonte: preparado pelos autores.

Importante ressaltar que, como o FIP é mensal, alguns desses quadros e questionários não precisam ser preenchidos mensalmente por terem periodicidade diferente. A saber:

Quadro 8.6 Questionários exigidos pela Susep

Quadro	Periodicidade	Meses-base do envio
24 e 24A – Mutação do Patrimônio Líquido	Semestral	Junho e dezembro
25B e 25 C – Fluxo de Caixa	Semestral	Junho e dezembro
92 – Taxa de Fiscalização	Trimestral	Março, junho, setembro e dezembro
100 – Movimentação de Resseguro	Trimestral	Março, junho, setembro e dezembro
118A – Plano Anual de Fiscalização	Semestral	Abril e outubro
118B – Execução do Plano de Fiscalização	Anual	Dezembro
404 a 409 – Prêmios e Sinistros de Resseguro	Trimestral	Março, junho, setembro e dezembro
Questionário Trimestral	Trimestral	Março, junho, setembro e dezembro
Questionário de Riscos (Seguros)	Anual	Janeiro
Questionário de Riscos (Previdência)	Anual	Abril
Questionário de Informática	Anual	Dezembro

Fonte: preparado pelos autores.

Como pôde ser observado, as empresas supervisionadas pela Susep têm que despender muito tempo no preparo mensal das informações que compõem o FIP. Esse trabalho deve ser muito bem-feito e conferido, pois há diversos quadros que são correlacionados uns com os outros e muitos valores de determinado quadro podem corresponder a campos de outros quadros. Algumas críticas são feitas diretamente pelo programa, porém certas análises complementares feitas pela Susep podem apontar inconsistências ou mesmos evoluções incompatíveis com a empresa. Quando isso acontece, a empresa recebe correspondência do regulador solicitando explicações para o caso. É importante ressaltar que algumas críticas impedem o envio do FIP para a Susep.

O FIP também é uma fonte de receita da Susep em função do seu preenchimento inadequado, do seu envio fora de prazo ou mesmo das explicações solicitadas cujas respostas são consideradas não convincentes pelo regulador.

É de extrema importância salientar que as informações fornecidas por meio do FIP são disponibilizadas pela Susep através do seu *site*. Dessa forma tornam-se informações públicas e, assim, todos podem acessá-las.

EXERCÍCIOS

1. Qual é a importância do FIP para a Susep?
2. Qual é a importância do FIP para o mercado como um todo?

ANÁLISE DAS DEMONSTRAÇÕES CONTÁBEIS

Objetivos de Aprendizagem

- ☑ Analisar as demonstrações contábeis de seguradoras.
- ☑ Comentar os principais passos para se fazer a análise.
- ☑ Demonstrar a análise horizontal e vertical e os indicadores mais importantes: liquidez, estrutura de capital, atividades e rentabilidade.
- ☑ Demonstrar como é feita a análise de maneira prática.

"BC vê inflação dentro da meta neste ano e alta menor para o PIB em 2017
Para este ano, porém, autoridade monetária previu, no relatório de inflação do quarto bimestre, 'tombo' maior do PIB, da ordem de 3,4%."[1]

Como essas notícias podem influenciar a análise das demonstrações contábeis? Em quais partes das demonstrações esses indicadores sugerem uma comparação de melhoria ou piora para a análise das empresas?

Este capítulo analisa como tais indicadores podem influenciar na análise das demonstrações das seguradoras.

---

[1] MARTELLO, Alexandre. "BC vê inflação dentro da meta neste ano e alta menor para o PIB em 2017". *G1*. 22 dez. 2016. Disponível em: <http://g1.globo.com/economia/noticia/bc-ve-inflacao-dentro-da-meta-neste-ano-e-alta-menor-de-08-para-o-pib-em-2017.ghtml>. Acesso em: 6 set. 2017.

Capítulo 9

9.1 INTRODUÇÃO

A análise das demonstrações contábeis é uma das partes mais importantes do processo de tomada de decisão de uma empresa. É o momento em que se analisa o *output* fornecido pela contabilidade para avaliar o desempenho patrimonial/financeiro da empresa, no nosso caso, as seguradoras.

A análise das demonstrações tem como objetivo avaliar o desempenho da seguradora, fornecendo informações úteis às partes interessadas com o intuito da tomada de decisões. Essas partes podem ser:

- clientes da seguradora que gostariam de saber o quanto ela é líquida e consegue cumprir com os riscos assumidos dos segurados;
- outras seguradoras que fazem análise do mercado como um todo ou as que estudam uma possível aquisição de outra seguradora ou como *benchmarking*;
- regulador, que faz a análise para verificar a liquidez e o potencial de segurar a sinistralidade dos clientes da seguradora; entre outros.

Dessa forma, este capítulo indica alguns passos, métricas e formas de análise que ajudarão a realizar esse tipo de atividade para as empresas seguradoras.

Entre os passos mais importantes da análise estão:

- Verificação do relatório da auditoria.
- Análise de pressupostos econômicos e financeiros do setor e da economia.
- Análise vertical e horizontal.
- Análise por quocientes e/ou índices.

9.2 COMEÇANDO DE TRÁS PARA A FRENTE – O RELATÓRIO DO AUDITOR INDEPENDENTE

O relatório do auditor é uma peça bastante importante para vários agentes demandantes das demonstrações contábeis, principalmente para aqueles que fazem uso das demonstrações para análise, pois ele expressa a opinião dos auditores sobre as demonstrações contábeis.

O relatório pode ser de quatro tipos, segundo a NBC T11.

9.2.1 Sem ressalva

O relatório sem ressalva é emitido quando o auditor conclui, sobre todos os aspectos relevantes, que:

- as demonstrações contábeis foram preparadas de acordo com os Princípios Fundamentais de Contabilidade e as Normas Brasileiras de Contabilidade;
- há apropriada divulgação de todos os assuntos relevantes às demonstrações contábeis;
- tendo havido alterações em procedimentos contábeis, os efeitos delas foram adequadamente determinados e divulgados nas demonstrações contábeis. Nesses casos, não é requerida nenhuma referência no relatório.

9.2.2 Com ressalva

O relatório com ressalva deve obedecer ao modelo do relatório sem ressalva, modificado no parágrafo de opinião, com a utilização das expressões "exceto por", "exceto quanto" ou "com exceção de", referindo-se aos efeitos do assunto objeto da ressalva. Vale salientar que, quando o auditor emitir relatório com ressalva, adverso ou com abstenção de opinião, deve ser incluída descrição clara de todas as razões que fundamentaram o seu relatório e, se praticável, a quantificação dos efeitos sobre as demonstrações contábeis.

9.2.3 Relatório adverso

Quando o auditor verificar a existência de efeitos que, isolada ou conjugadamente, forem de tal relevância que comprometam o conjunto das demonstrações contábeis, deve emitir parecer adverso. Em seu julgamento deve considerar tanto as distorções encontradas quanto a apresentação inadequada ou substancialmente incompleta das demonstrações contábeis.

9.2.4 Abstenção de opinião por limitação na extensão

O relatório com abstenção de opinião por limitação na extensão é emitido quando houver limitação significativa na extensão do exame que impossibilite ao auditor formar opinião sobre as demonstrações contábeis, por não ter obtido comprovação suficiente para fundamentá-la, ou pela existência de múltiplas e complexas incertezas que afetem um número significativo de rubricas das demonstrações contábeis.

Percebe-se que, com alguns tipos de pareceres, a análise fica bastante limitada e, às vezes, sem condições de ser realizada, pois os números contábeis não são confiáveis, ou faltam algumas informações. Caso haja ressalva, esta deve ser analisada para que a análise possa ser realizada com confiança.

Capítulo 9

> **Auditor dá opinião adversa sobre balanço da Taurus**
>
> A venda de uma unidade de equipamentos industriais transformou-se em uma grande dor de cabeça para a fabricante de armas de fogo Forjas Taurus. A transação rendeu não só um grande prejuízo no balanço do segundo trimestre como a reprovação do auditor que revisou as demonstrações contábeis.
>
> A firma de auditoria Ernst & Young (EY) deu uma "conclusão adversa" aos números, apresentados na terça-feira, com dois meses de atraso. Na prática, isso quer dizer que há "distorções relevantes e generalizadas", de acordo com definição do Instituto dos Auditores Independentes do Brasil (Ibracon).
>
> O problema aconteceu por conta da alteração nos termos do acordo da venda da Taurus Máquinas-Ferramenta, fechada em junho de 2012, para a Renill Participações, do grupo SüdMetal. Na época, o valor da operação foi acertado em R$ 115,3 milhões. Em agosto deste ano, contudo, o comprador exigiu a repactuação do contrato, o que fez com que o valor caísse pela metade, para R$ 57,2 milhões. Isso fez com que a companhia desse uma baixa contábil de R$ 57,8 milhões no balanço do segundo trimestre, já divulgado com bastante atraso por conta dos ajustes necessários. Os auditores, no entanto, afirmam que a revisão já deveria ter sido feita um ano antes. "Os eventos que levaram à redução do valor original da venda se encontravam substancialmente presentes em 30 de junho de 2012 e a referida perda deveria ter sido reconhecida naquela data", disseram em seu parecer.
>
> Com isso, a EY decidiu não avaliar as demonstrações de resultados – que indicam o lucro ou prejuízo –, os fluxos de caixa e as mutações do patrimônio líquido. E foi além. Deu uma ressalva ao balanço patrimonial, afirmando que a Taurus não constituiu provisões suficientes para possíveis perdas relativas aos R$ 54,4 milhões que ainda têm a receber da SüdMetal. A ressalva, menos grave que a conclusão adversa, indica desvios pontuais e não generalizados em relação às normas contábeis.
>
> A conclusão adversa do auditor é rara em balanços de companhias abertas, especialmente nas listadas em níveis de governança – a Forjas Taurus está no Nível 2 da BM&FBovespa. O mais usual é que as empresas republiquem os balanços anteriores, de forma a garantir um parecer "limpo" por parte dos auditores. Com as baixas contábeis, a companhia encerrou o segundo trimestre com prejuízo de R$ 101,3 milhões, revertendo o lucro de R$ 9,5 milhões de um ano antes. Questionado por investidores, Gonçalves disse que, diante do resultado da primeira metade do ano, "não poderia fazer menção a lucro em 2013". A empresa terá ainda que negociar o estouro das cláusulas de endividamento com debenturistas.

Fonte: VIRI, Natalia. "Auditor dá opinião adversa sobre balanço da Taurus". *IBRACON*. 18 out. 2013. Disponível em: <http://www.ibracon.com.br/ibracon/Portugues/detNoticia.php?cod=1458>. Acesso em: 6 set. 2017.

É importante salientar que todas as empresas supervisionadas pela Susep devem ser constituídas como "sociedades anônimas" e são obrigadas a divulgar balanços semestrais auditados por auditores independentes registrados na CVM.

9.3 PRESSUPOSTOS ECONÔMICOS E FINANCEIROS DO SETOR E DA ECONOMIA

A empresa seguradora não está isolada do mundo dos negócios e, dessa forma, as variáveis exógenas à empresa são fatores importantes a serem levados em consideração na análise das demonstrações contábeis. Essas variáveis podem interferir nos indicadores e, dependendo do tipo de análise, até modificá-los. O analista precisa elencar essas variáveis e fazer simulações nos demonstrativos da empresa.

Vale deixar claro que essas variáveis exógenas são usadas como pressupostos, ou seja, a análise é evidenciada com valores que servem de premissas. As premissas podem ser simuladas para baixo ou para cima de acordo com a versatilidade do analista, podendo chegar em números em intervalos que podem sugerir tomadas de decisões diferentes para os administradores das empresas, fornecedores ou investidores das empresas.

Algumas variáveis que são levadas em conta na análise das demonstrações contábeis são:

- Inflação – é importante levar em conta a perda de poder aquisitivo da moeda e verificar os ganhos ou perdas reais da empresa no tempo, pois desde 1996 as empresas brasileiras não divulgam demonstrações contábeis com correção integral, tampouco fazem a contabilização da correção monetária dos balanços. A proibição legal da correção monetária das demonstrações contábeis fez com que as empresas brasileiras deixassem de reconhecer os efeitos da inflação na apuração dos seus resultados, bem como nos seus ativos imobilizados, intangíveis, investimentos permanentes e no patrimônio líquido.
- Taxa Selic – é a taxa básica de juros da economia brasileira, definida pelo Comitê de Política Monetária, o Copom (Bacen).
- Produto interno bruto (PIB) – evidencia o quanto a atividade pode aumentar ou diminuir devido a alguma retração/expansão da riqueza gerada no país, sendo um indicador relativo para ser comparado com o quanto provavelmente o faturamento da empresa pode subir ou cair.
- Os próprios indicadores do mercado – a Susep gera em seu sítio na internet os indicadores conjuntos de todas as empresas do mercado segurador que estão em suas bases de dados. Isso é muito importante, salvo alguns ajustes que devem ser realizados e não generalizados, como: verificar seguradoras com ramos parecidos/iguais, verificar contas e indicadores utilizados e atividades.

9.4 ANÁLISE VERTICAL E HORIZONTAL

A análise vertical, também chamada de composição de estrutura, apura o percentual de participação de cada conta/item do balanço patrimonial e/ou da demonstração do resultado das empresas. Essa técnica pode ser, na verdade, utilizada com qualquer outra demonstração. O que mais caracteriza essa técnica é a escolha de uma única conta da demonstração e o fato de ser uma *cross-section*, um único período, seja do ano, semestre, trimestre etc.

Uma fórmula muito utilizada nessa análise é:

Capítulo 9

$$\text{Análise vertical} = \left(\frac{\text{Conta/Grupo}}{\text{Total grupo}}\right) \times 100$$

Já a análise horizontal, também chamada de análise de evolução, seja crescimento ou decrescimento, representa a tendência temporal dos itens analisados em relação a um período-base. O que mais caracteriza essa técnica é a série temporal, ou seja, uma conta ou grupo é analisado, em percentual através do tempo, que pode ser de 2 anos, 3 anos, 2 trimestres ou 3 trimestres.

A fórmula utilizada nessa análise é:

$$\text{Análise horizontal} = \left(\frac{\text{Período corrente}}{\text{Período anterior}} - 1\right) \times 100$$

9.5 ANÁLISE POR QUOCIENTES E/OU ÍNDICES

A análise por quocientes é um método que avalia/compara valores diferentes dentro e entre as demonstrações contábeis, obtendo a relação de um item com outro. Há várias críticas a essas relações, pois, realmente, podemos formar indicadores que, na verdade, podem ter no numerador valores estáticos e no denominador valores dinâmicos, por exemplo. O mais importante de tudo é que o usuário saiba realmente com quais valores ele está trabalhando e a interpretação correta e coerente do indicador.

Os indicadores mais comuns utilizados na análise de seguradoras são: liquidez, estrutura de capital, atividade e rentabilidade.

9.5.1 Liquidez

Os indicadores de liquidez avaliam a capacidade de pagamento das obrigações, de curto ou de longo prazo, da empresa com seus ativos, os quais também podem ser de curto ou longo prazo. Apresentam uma avaliação bem simples, pois sempre que são maiores são melhores para a empresa, pois demonstram que esta tem capacidade de honrar o pagamento de suas dívidas.

Os indicadores de liquidez são retirados unicamente do balanço patrimonial, não necessitando de outras informações para serem produzidos.

Entre os indicadores, podemos citar: liquidez geral, liquidez corrente, liquidez seca e, por último, o índice de liquidez imediata.

O indicador de liquidez geral possui a seguinte fórmula:

Análise das demonstrações contábeis

$$\text{Liquidez geral} = \left（\frac{\text{Ativo circulante + Ativo realizável a longo prazo}}{\text{Passivo circulante + Passivo não circulante}}\right)$$

Perceba que esse indicador tem uma característica de longo prazo, em que o ativo circulante é somado ao ativo que se realiza a longo prazo, dividido pelo total do passivo (circulante e não circulante). Esse indicador demonstra o quanto de ativo de curto e longo prazos, juntos, a entidade tem para cada unidade de passivo de curto e longo prazos.

O indicador de liquidez corrente possui a característica de pagamento de dívidas de curto prazo com, também, ativos de curto prazo, e possui a seguinte fórmula:

$$\text{Liquidez corrente} = \left(\frac{\text{Ativo circulante}}{\text{Passivo circulante}}\right)$$

Essa é uma das fórmulas mais fáceis, pois é bem direta em relação à parte circulante do balanço patrimonial. Realmente é muito simples perceber que, quanto maior esse índice, melhor para a seguradora.

Esse índice, por vezes, é prejudicado na análise de balanços, pois as provisões técnicas, maior passivo das seguradoras, são adequadamente contabilizadas no curto e longo prazos, porém as aplicações financeiras (ativos garantidores), maior ativo das seguradoras, podem estar classificadas no curto prazo e garantindo provisões técnicas de longo prazo.

O indicador de liquidez seca das seguradoras é um pouco diferente de outras empresas, pois realmente começamos a entrar no ramo de serviços dessa companhia. A ideia da liquidez seca é realmente diminuir mais ainda a capacidade de pagamento da empresa para verificar em situações de maior risco financeiro sua capacidade de pagamento de passivos, nesse caso de curto prazo.

O indicador de liquidez seca possui a seguinte formulação:

$$\text{Liquidez seca} = \left(\frac{\text{Ativo circulante − Despesas antecipadas − CAD}}{\text{Passivo circulante}}\right)$$

Em que:

CAD = Custos de Aquisição Diferidos

O indicador de liquidez imediata, pelo próprio nome, já pode ser entendido como o indicador que analisa se, com "caixa e equivalente caixa", a seguradora consegue pagar os compromissos de curto prazo.

Capítulo 9

O indicador de liquidez imediata pode ser calculado da seguinte forma:

$$\text{Liquidez imediata} = \left(\frac{\text{Caixa e equivalente caixa}}{\text{Passivo circulante}} \right)$$

O numerador sugerido realmente são ativos/contas que se tornam caixa muito rapidamente. Dessa forma, a sugestão dada é para contas: disponibilidades e aplicações/operações financeiras que se transformem em caixa rapidamente.

Em resumo, os indicadores de liquidez são:

$$\text{Liquidez geral} = \left(\frac{\text{Ativo circulante + Ativo realizável a longo prazo}}{\text{Passivo circulante + Passivo não circulante}} \right)$$

$$\text{Liquidez corrente} = \left(\frac{\text{Ativo circulante}}{\text{Passivo circulante}} \right)$$

$$\text{Liquidez seca} = \left(\frac{\text{Ativo circulante - Despesas antecipadas - CAD}}{\text{Passivo circulante}} \right)$$

$$\text{Liquidez imediata} = \left(\frac{\text{Caixa e equivalente caixa}}{\text{Passivo circulante}} \right)$$

Os indicadores de liquidez são muito importantes para o mercado segurador para que possam gerar tranquilidade aos segurados, dando-lhes segurança de que receberão os seus sinistros, resgates, benefícios etc.

9.5.2 Estrutura de capital

Os indicadores de estrutura de capital das seguradoras servem para avaliar a estrutura de origem de recursos da empresa seguradora, formada pelo passivo circulante, não circulante e o patrimônio líquido e alguma relação com algum ativo.

Entre os indicadores, é possível citar: relação entre o capital de terceiros e o capital próprio, grau de endividamento e grau de imobilização do patrimônio líquido.

Em uma seguradora, esses indicadores são muito relativos, pois o giro do negócio da seguradora advém dos sócios (patrimônio líquido), mas muito, também, de capital de terceiros, formando as provisões no passivo e contribuindo com muito recurso para a seguradora girar no ativo.

Fazendo analogia com uma instituição financeira, qual seria o sonho de um banqueiro? Que o ativo total fosse praticamente igual ao passivo, e o patrimônio líquido fosse o mínimo, ou seja, o banqueiro teria mais dinheiro emprestado proveniente de terceiros para sustentar o seu ativo com a intermediação financeira.

Dessa forma, é muito relativo um analista dizer que, para indicadores de estrutura de seguradoras, quanto menor o indicador, melhor. É claro que, enquanto tiver mais dinheiro de sócios e menos de capital de terceiros, menos risco haverá para a própria empresa, mas quem vai caracterizar o risco de uma seguradora é a gestão do passivo com o seu ativo para pagá-lo, ou seja, quem quebra uma seguradora é a má gestão dos ativos e não só os passivos. Claro que o valor do prêmio que é cobrado é essencial para a segurança financeira do negócio, mas a gestão do ativo na seguradora é mais que essencial.

Dessa forma, a relação entre o capital de terceiros e o capital próprio é calculado da seguinte forma:

$$\text{Capital de terceiros} \times \text{Capital próprio} = \frac{(PC + PNC)}{\text{Patrimônio líquido}}$$

Em que:

PC = Passivo circulante;
$PÑC$ = Passivo não circulante.

Esse indicador demonstra o quanto de capital de terceiros a seguradora possui em relação ao capital próprio (dos sócios).

Como comentado, é muito relativo para uma seguradora o quanto de capital de terceiros em relação ao patrimônio líquido deveria existir. Se aumenta ou diminui, o que aconteceria? O que deveria ser verificado nessa relação, principalmente, é a quantidade ponderada de cada capital pelo seu retorno financeiro. Ou seja, se eu tenho 50% de cada e tenho que remunerar um mais do que o outro, posso ter um tipo de risco caso o meu ativo não consiga remunerá-los. Nesse caso, o histórico é muito importante, assim como a qualidade da origem dos recursos.

O segundo indicador é o grau de endividamento. Esse indicador é calculado da seguinte forma:

$$\text{Grau de endividamento} = \frac{(PC + PNC)}{\text{Passivo} + PL}$$

Em que:

Capítulo 9

PC = Passivo circulante;

$P\tilde{N}C$ = Passivo não circulante.

Percebe-se que esse indicador é praticamente uma análise vertical. Quanto de capital de terceiros a seguradora possui em relação aos recursos totais (Passivo + Patrimônio líquido = Ativo total). Esse indicador tem a mesma análise que o anterior, é relativo e depende dos riscos da seguradora em relação ao seu passivo de terceiros e próprio.

Sobre o grau de imobilização do patrimônio líquido, ele é calculado da seguinte forma:

$$\text{Grau de imobilização} = \frac{(ANC - RLP)}{\text{Patrimônio líquido}}$$

Esse indicador demonstra o quanto de investimento que advém dos sócios é investido no imobilizado, e que, quanto maior esse indicador, maior a dependência de capital de terceiros para cumprir compromissos com terceiros. Possivelmente, se esse indicador é maior que 1, a empresa pode estar em situação financeira difícil, porque pode possuir capital circulante negativo.

As seguradoras, dada a sua especificidade, não precisam de altos valores de imobilizados para poder operar, diferentemente de uma indústria que possui máquinas industriais, ferramentas etc.

Em resumo, os indicadores de estrutura são:

$$\text{Capital de terceiros x Capital próprio} = \frac{(PC + PNC)}{\text{Patrimônio líquido}}$$

$$\text{Grau de endividamento} = \frac{(PC + PNC)}{\text{Passivo + PL}}$$

$$\text{Grau de imobilização} = \frac{(ANC - RLP)}{\text{Patrimônio líquido}}$$

9.5.3 Atividade

Os indicadores de atividade possuem o objetivo de avaliar as atividades operacionais das seguradoras no nível dos sinistros, da comercialização das apólices, das despesas administrativas etc.

Nesse conjunto de indicadores os índices combinados são importantíssimos para a análise de balanços das seguradoras.

Todos os índices da atividade são indicadores de *despesas* em relação às principais receitas das seguradoras (prêmios ganhos e resultados financeiros). Assim sendo, quanto menor, melhor.

Em relação aos sinistros, o primeiro indicador de atividade mensura os sinistros retidos em relação aos prêmios ganhos, também chamado de indicador de sinistralidade. Apenas para lembrar, os sinistros retidos são os valores dos sinistros ocorridos menos as recuperações de sinistros com cosseguros e resseguros, ou seja, a mensuração é diretamente focada para o quanto a empresa está tendo que lidar com os riscos ocorridos em relação aos prêmios ganhos. Dessa forma, o indicador é o seguinte:

$$\text{Índice de sinistralidade} = \frac{\text{Sinistros retidos}}{\text{Prêmios ganhos}}$$

Quanto menos sinistros, melhor para a seguradora. Dessa forma, é fácil entender que, quanto menor esse indicador, melhor vai ser a situação para a empresa, pois está tendo mais prêmios ganhos em relação aos sinistros retidos.

Outro indicador bastante importante em relação às atividades da seguradora é o índice de comercialização, que demonstra quanto de despesa com comercialização (custo de aquisição), especialmente as comissões pagas a corretores de seguro, a seguradora está tendo em relação às suas receitas com prêmios ganhos. Dessa forma, o indicador será:

$$\text{Comercialização} = \frac{\text{Custo de aquisição}}{\text{Prêmios ganhos}}$$

Sobre as despesas administrativas (salários, contas de consumo, serviços prestados por terceiros etc.), foi desenvolvido, também, um indicador que compara o montante dessas despesas com os prêmios ganhos pelas seguradoras. Esse indicador é bastante fácil e é mensurado da seguinte forma:

$$\text{Administrativas} = \frac{\text{Despesas administrativas}}{\text{Prêmios ganhos}}$$

Da mesma forma que o índice anterior, quanto menor o valor encontrado, melhor para a empresa, pois o valor de despesas administrativas em relação aos prêmios ganhos mostra a versatilidade nos gastos com as despesas do numerador em relação ao esforço na receita com os prêmios ganhos.

Entre os indicadores mais importantes, estão os chamados combinados: índice combinado e combinado ampliado. O primeiro é a soma dos indicadores anteriores, ou seja, todas as atividades operacionais da empresa sobre os prêmios ganhos. A ampliação

Capítulo 9

se dá quando o analista soma as receitas financeiras aos prêmios ganhos no denominador. Da mesma forma que os outros, esses indicadores demonstram que, quanto menor o numerador em relação ao denominador, melhor para a empresa.

Esses indicadores, operacionalmente, são obtidos da seguinte forma:

$$\text{Índice combinado} = \frac{SR + CAq + DA + DT + ORDO}{\text{Prêmios ganhos}}$$

e

$$\text{Índice combinado ampliado} = \frac{SR + CAq + DA + DT + ORDO}{\text{Prêmios ganhos} + \text{Resultado financeiro}}$$

Em que:

SR = sinistros retidos;
CAq = custos de aquisição;
DA = despesas administrativas;
DT = despesas tributárias;
$ORDO$ = outras receitas e despesas operacionais.

Realmente, percebe-se facilmente que, quanto menor o indicador, melhor o desempenho operacional da seguradora.

Em resumo, os indicadores de atividade são:

$$\text{Índice de sinistralidade} = \frac{\text{Sinistros retidos}}{\text{Prêmios ganhos}}$$

$$\text{Comercialização} = \frac{\text{Custo de aquisição}}{\text{Prêmios ganhos}}$$

$$\text{Administrativas} = \frac{\text{Despesas administrativas}}{\text{Prêmios ganhos}}$$

$$\text{Índice combinado} = \frac{SR + CAq + DA + DT + ORDO}{\text{Prêmios ganhos}}$$

Análise das demonstrações contábeis

$$\text{Índice combinado ampliado} = \frac{SR + CAq + DA + DT + ORDO}{\text{Prêmios ganhos + Resultado financeiro}}$$

9.5.4 Rentabilidade

Os indicadores ou índices de rentabilidade são um dos mais utilizados para qualquer setor e em várias análises feitas em relação às atividades da empresa e ao dinheiro investido. Esse indicador é utilizado por várias áreas da empresa: área de projetos, investimentos, controladoria e reuniões de comitês para verificar o retorno de investimentos feitos com a origem de recursos da empresa.

Um dos mais conhecidos é o Retorno sobre o Patrimônio Líquido (RSPL) ou, também, comumente chamado de ROE (*Return on Equity*). Esse indicador informa quanto a empresa gerou de lucro líquido em relação ao investimento no patrimônio líquido. O indicador pode ser mensurado da seguinte forma:

$$RSPL = \frac{\text{Lucro líquido}}{\text{Patrimônio líquido médio}}$$

Em relação ao denominador, nós autores, acreditamos que o Patrimônio Líquido Médio é a melhor *proxy* para a relação exposta, por vários motivos. Isso não limita o uso, pois o gestor pode utilizar o patrimônio líquido final ou inicial, de acordo com a preferência e utilização do índice.

Outro indicador é o de rentabilidade de aplicações e, também, dos investimentos. Ambos possuem o mesmo conceito: retorno sobre os investimentos realizados. O que deve-se deixar bem claro é que os valores do numerador precisam ter uma relação direta com o seu denominador, pois se não, não há sentido do constructo.

Dessa forma, os indicadores são:

$$\text{Retorno das aplicações} = \frac{\text{Receitas financeiras}}{\text{Aplicações financeiras (Curto e longo prazos)}}$$

e

$$\text{Retorno dos investimentos} = \frac{\text{Lucro líquido}}{\text{Ativo total médio}}$$

Em resumo, os indicadores de rentabilidade são:

Capítulo 9

$$RSPL = \frac{\text{Lucro líquido}}{\text{Patrimônio líquido médio}}$$

$$\text{Retorno das aplicações} = \frac{\text{Receitas financeiras}}{\text{Aplicações financeiras (Curto e longo prazos)}}$$

$$\text{Retorno dos investimentos} = \frac{\text{Lucro líquido}}{\text{Ativo total médio}}$$

9.5.5 Resumo dos índices

	Tipo de indicador	Fórmula	Avaliação
Estrutura de capital	Relação entre o capital de terceiros e o capital próprio	Passivo (PC + PNC) / PL	< melhor (depende do ponto de vista)
	Grau de endividamento	Passivo (PC + PNC) / (Passivo + PL)	< melhor (depende do ponto de vista)
	Imobilização	(ANC – RLP) / PL	< melhor
Liquidez	Geral	(AC + RLP) / Passivo	> melhor
	Corrente	AC / PC	> melhor
	Seca	(AC – Desp. Ant. – CAD)/PC	> melhor
	Imediata	Caixa e equi. caixa / PC	> melhor

Atividade – Custos	Sinistralidade	Sinistros retidos / Prêmios ganhos	< melhor
	Comercialização	Custos de aquisição / Prêmios ganhos	< melhor
	Despesas administrativas	Desp. adm. / Prêmios ganhos	< melhor
	Índice combinado	(SR+CAq+DA+DT+ORDO) / Prêmios ganhos	< melhor
	Índice Combinado Ampliado	(SR+CAq+DA+DT+ORDO)/(Prêmios ganhos + resultado financeiro)	< melhor
Rentabilidade	do PL (ROE)	Lucro líquido / PL (médio)	> melhor
	das aplicações	Receita financeira / Aplicações (CP e LP) inicial	> melhor
	dos Ativos (ROA)	Lucro líquido / Ativo (médio)	> melhor

9.6 EXEMPLO ILUSTRATIVO

Como exemplo ilustrativo, temos a empresa seguradora Genipabu S.A. com suas demonstrações de X1 e X2, a seguir, já realizada a análise vertical e horizontal:

SEGURADORA GENIPABU S.A.					(em milhares de R$)
ATIVO	X1	AV%	X2	AV%	AH%
CIRCULANTE	**60.440**	**68,4**	**67.810**	**68,4**	**12,2**
DISPONÍVEL	950	1,1	1.000	1,0	5,3
Caixa e Bancos	950	1,1	1.000	1,0	5,3
APLICAÇÕES	15.000	17,0	20.000	20,2	33,3
Títulos de renda fixa – Privados	15.000	17,0	20.000	20,2	33,3
CRÉDITO DAS OPERAÇÕES COM SEGUROS	39.870	45,1	41.660	42,0	4,5
Prêmios a receber	30.000	34,0	32.870	33,2	9,6
Operações com seguradoras	2.870	3,2	2.390	2,4	(16,7)
Operações com resseguradoras	7.000	7,9	6.400	6,5	(8,6)
ATIVOS DE RESSEGURO – PROV. TÉCNICAS	3.500	4,0	3.690	3,7	5,4
OUTROS VALORES E BENS	1.000	1,1	1.300	1,3	30,0
Bens à venda (salvados)	1.000	1,1	1.300	1,3	30,0
CUSTOS DE AQUISIÇÃO DIFERIDOS	120	0,1	160	0,2	33,3
NÃO CIRCULANTE	**27.900**	**31,6**	**31.314**	**31,6**	**12,2**
APLICAÇÕES	23.400	26,5	26.844	27,1	14,7
INVESTIMENTO	2.300	2,6	2.300	2,3	–
IMOBILIZADO	2.000	2,3	1.970	2,0	(1,5)
INTANGÍVEL	200	0,2	200	0,2	–
TOTAL DO ATIVO	**88.340**	**100**	**99.124**	**100**	**12,2**

Capítulo 9

PASSIVO E PL	X1	AV%	X2	AV%	AH%
CIRCULANTE	**71.160**	**80,6**	**79.570**	**80,3**	**11,8**
CONTAS A PAGAR	15.360	17,4	16.150	16,3	5,1
Obrigações a pagar	4.500	5,1	4.700	4,7	4,4
Impostos e encargos sociais a recolher	260	0,3	450	0,5	73,1
Impostos e contribuições	10.600	12,0	11.000	11,1	3,8
DÉBITO DAS OPERAÇÕES C/ SEGUROS	11.950	13,5	13.420	13,5	12,3
Prêmios a restituir	150	0,2	220	0,2	46,7
Operações com seguradoras	2.400	2,7	2.500	2,5	4,2
Operações com resseguradoras	6.000	6,8	7.200	7,3	20,0
Corretores de seguros	3.400	3,8	3.500	3,5	2,9
DEPÓSITOS DE TERCEIROS	7.500	8,5	8.000	8,1	6,7
PROVISÕES TÉCNICAS – SEGUROS	36.350	41,1	42.000	42,4	15,5
Provisão de prêmios não ganhos	2.000	2,3	5.200	5,2	160,0
Provisão de sinistros a liquidar	27.000	30,6	29.000	29,3	7,4
Provisão de IBNR	7.350	8,3	7.800	7,9	6,1
PATRIMÔNIO LÍQUIDO	**17.180**	**19,4**	**19.554**	**19,7**	**13,8**
CAPITAL SOCIAL	15.000	17,0	15.000	15,1	–
RESERVAS DE LUCROS	2.180	2,5	4.554	4,6	108,9
TOTAL DO PASSIVO E PL	**88.340**	**100**	**99.124**	**100**	**12,2**

Antes de fazer a análise, vamos considerar os seguintes pressupostos:

- a inflação em X2 foi de 5,9%;
- a taxa Selic fechou o ano em 10,75%;
- o PIB em X2 foi de 7,5%; e
- o crescimento dos ativos do mercado segurador foi de 18,9%.

O ativo e passivo da companhia apresentaram os seguintes cálculos:

- um aumento de 12,2% no ativo em X2, conforme a AH;
- um aumento no ativo circulante também foi de 12,2% em X2; e
- praticamente nenhuma modificação na estrutura do ativo e passivo, conforme AV.

Análise das demonstrações contábeis

Pode-se, entre outros dados, chegar às seguintes conclusões de que, descontada a inflação, a seguradora Genipabu S.A. obteve um crescimento de ativos de 5,9% (112,2/105,9) (coincidência), percentual inferior à variação do PIB (na qual já está descontada a inflação). Adicionalmente, a seguradora não acompanhou o crescimento do mercado segurador, que foi de 18,9% naquele exercício.

Em relação à demonstração do resultado, há os seguintes números:

SEGURADORA GENIPABU S.A.					
					(em milhares de R$)
DRE	X1	AV%	X2	AV%	AH%
PRÊMIOS EMITIDOS LÍQUIDOS	73.000	102,8	80.000	104,2	9,6
VARIAÇÕES DAS PROVISÕES TÉCNICAS DE PRÊMIOS	(2.000)	(2,8)	(3.200)	(4,2)	60,0
(=) PRÊMIOS GANHOS	71.000	100	76.800	100	8,2
Receita com emissão de apólices	1.400	2,0	1.600	2,1	14,3
Sinistros ocorridos (retidos)	(40.000)	(56,3)	(44.610)	(58,1)	11,5
Custos de aquisição	(11.600)	(16,3)	(12.900)	(16,8)	11,2
Outras receitas e despesas operacionais	(200)	(0,3)	100	0,1	(150)
Despesas administrativas	(17.800)	(25,1)	(18.000)	(23,4)	1,1
Despesas com tributos	(2.100)	(3,0)	(2.200)	(2,9)	4,8
Resultado financeiro (receita = 3.300 e 3.700)	2.900	4,1	3.200	4,2	10,3
Resultado patrimonial	700	1,0	800	1,0	14,3
(=) RESULTADO OPERACIONAL	4.300	6,1	4.790	6,2	11,4
(=) RESULTADO ANTES DE IMP. E PARTICIPAÇÕES	4.300	6,1	4.790	6,2	11,4
Imposto de renda e contribuição social	(1.720)	(2,4)	(1.916)	(2,5)	11,4
Participações sobre o resultado	(400)	(0,6)	(500)	(0,7)	25,0
LUCRO LÍQUIDO	2.180	3,1	2.374	3,1	8,9

Sobre os dados, pode-se chegar aos seguintes resultados, levando em consideração alguns pressupostos:

Considerando que:

- a inflação em X2 foi de 5,9%;

Capítulo 9

- a taxa Selic fechou o ano em 10,75%;
- o PIB em X2 foi de 7,5%;
- o crescimento do prêmio emitido líquido do mercado foi de 24,6%; e
- o crescimento do lucro do mercado segurador foi de 10%.

Sobre os resultados da Seguradora Genipabu S.A., pode-se dizer que:

- houve aumento de 9,6% nos prêmios emitidos líquidos em X2, conforme a AH;
- o lucro líquido representou o percentual de 3,1% dos prêmios ganhos nos dois períodos, conforme AV; e
- outros índices serão comentados nas análises de quocientes.

Sobre os dados, pode-se concluir que, descontada a inflação, a Seguradora Genipabu S.A. obteve um crescimento nos prêmios emitidos líquidos de 3,5%, percentual bem inferior à variação do PIB (na qual já está descontada a inflação). No caso do lucro líquido, o crescimento foi maior do que a inflação e alinhado à taxa Selic e ao crescimento do mercado, porém, em termos reais, menores do que a variação do PIB.

Em relação aos índices, há os seguintes cálculos:

Tipo de indicador		X1	X2
Estrutura de capital	Relação capital terceiros / Capital próprio	414%	407%
	Grau de endividamento	81%	80%
	Imobilização	26%	23%
Liquidez	Geral	1,18	1,19
	Corrente	0,85	0,85
	Seca	0,85	0,85
	Imediata	0,22	0,26

Tipo de Indicador		X1	X2
Atividade – Custos	Sinistralidade	0,56	0,58
	Comercialização	0,16	0,17
	Despesas administrativas	0,25	0,23
	Índice combinado	0,99	0,99
	Índice combinado ampliado	0,95	0,95

Tipo de Indicador		X1	X2
Rentabilidade	do PL (ROE) (PL X0 = 15.000)[2]	13,55%	12,93%
	das aplicações (Aplicação X0 = 35.100)	9,40%	9,64%
	dos Ativos (ROA)	–	2,53%

Percebam que o índice por si só não faz muito sentido. O importante é reportar, também, o de outras empresas para fazer a comparação entre os múltiplos. A análise horizontal dos índices ajuda bastante, pois quem analisa pode fazer uma comparação de um ano para outro para perceber o que aconteceu com aquela atividade ou indicador que está sendo estudado.

No caso da seguradora estudada, não houve muita alteração de um ano para o outro, ela seguiu estável.

Analisando os indicadores de estrutura de capital, verifica-se que o montante de capital de terceiros corresponde a quatro vezes o patrimônio líquido, representando 80% do total de recursos à disposição da empresa, havendo uma grande dependência daquele. Dependendo do risco entre eles, isso pode ser bom ou ruim, pois precisaria verificar o quanto seria o custo de ambos para ter uma análise mais bem realizada.

Sobre os indicadores de liquidez, a empresa está bem no longo prazo, uma vez que os recursos (ativos) estão em montante superior às obrigações (PC + PÑC). No entanto, quando o curto prazo é analisado, a empresa pode ter problemas de liquidez corrente e seca. Entretanto, no exemplo, não foram consideradas obrigações de longo prazo.

Sobre os indicadores de atividades, a sinistralidade é moderada e foi aumentada em dois pontos percentuais. A empresa tem um alto custo de administração, tendo uma taxa de comercialização na média do mercado.

O índice combinado de 99%, que é a soma dos índices de despesas em relação ao prêmio ganho, ficou abaixo de 100%, o que significa que a empresa teve lucro operacional, auferindo mais prêmios do que despesas. O indicador é satisfatório, pois algumas seguradoras operam com índice combinado acima de 100%, uma vez que contabilizam excelentes receitas financeiras provenientes das altas taxas de juros praticadas no mercado brasileiro. Assim sendo, mesmo tendo um prejuízo em suas operações, os resultados financeiros são suficientes para cobrir prejuízos operacionais e para gerar lucro para as empresas.

O índice combinado ampliado (95%), que é a soma dos índices de despesas em relação ao prêmio ganho e ao resultado financeiro, ficou abaixo de 100%, o que significa que a empresa teve lucro operacional, auferindo mais prêmios e resultado financeiro do que despesas operacionais. O significado é que, de 100% de receitas (prêmio ganho e resultado financeiro), 95% foram destinadas ao pagamento das despesas operacionais (sinistros, comissões, despesas administrativas, tributos e outras).

Sobre os indicadores de rentabilidade, é importante analisar o custo de capital próprio da empresa, para saber se os sócios são remunerados pela rentabilidade do patrimônio líquido e de seus investimentos. Talvez não seja a melhor comparação, mas

---

[2] Em função de se ter apenas 2 anos, calculou-se o ROE de X1 usando o PL inicial = PL final − Lucro de X1.

Capítulo 9

comparando o retorno com a Selic, podemos dizer que a empresa ainda remunera melhor. O retorno das aplicações está acima da inflação anual.

Acredita-se que essa empresa, com os pressupostos colocados, seria uma boa seguradora para se investir ou adquirir os seus produtos.

EXERCÍCIOS

O balanço patrimonial e a DRE a seguir se referem aos dados do mercado segurador nos anos de 20X0 e 20X1.

Pede-se para:

a) preparar a análise vertical;

b) preparar a análise horizontal;

c) preparar a análise dos quocientes.

MERCADO SEGURADOR
BALANÇO PATRIMONIAL EM 31 DE DEZEMBRO – Em bilhões de reais

ATIVO	20X0	20X1	PASSIVO E PATRIMÔNIO LÍQUIDO	20X0	20X1
CIRCULANTE	191	224	**CIRCULANTE**	85	100
Disponível	1	1	Contas a pagar	6	6
Aplicações	163	193	Débito das operações com seguros	5	6
Crédito das operações com seguros	16	18	Depósitos de terceiros	1	1
Títulos e créditos a receber	3	3	Provisões técnicas – Seguros	59	71
Custos de aquisição diferidos	8	9	Provisões técnicas – Previdência	14	16
NÃO CIRCULANTE	100	122	**NÃO CIRCULANTE**	151	183
Realizável a longo prazo	69	87	Contas a pagar	1	1
Investimento	26	30	Provisões técnicas – Seguros	78	101
Imobilizado	1	1	Provisões técnicas – Previdência	65	74
Intangível	4	4	Provisões judiciais	7	7
			PATRIMÔNIO LÍQUIDO	55	63
			Capital social	35	37
			Reservas de capital	1	1
			Reservas de lucros	19	25
TOTAL DO ATIVO	291	346	**TOTAL DO PASSIVO E PL**	291	346

Análise das demonstrações contábeis

MERCADO SEGURADOR		
DRE – Em bilhões de reais	20X0	20X1
Prêmios emitidos líquidos	48	55
Variações de provisões de prêmios	(3)	(4)
(=) Prêmios ganhos	45	51
Receita com emissão de apólices	–	–
Sinistros ocorridos	(23)	(25)
Custos de aquisição	(9)	(10)
Outras receitas e despesas operacionais	(2)	(1)
Resultado com previdência	2	2
Resultado com resseguro (2015 e 2016 = – 5 prêmios e 2 sinistros)	(3)	(3)
Despesas administrativas	(7)	(8)
Despesas com tributos	(1)	(2)
Resultado financeiro (2015 = 21 receitas e 15 despesas) (2016 = 25-18)	6	7
Resultado patrimonial	4	4
(=) RESULTADO OPERACIONAL	12	15
Ganhos ou perdas com ativos não correntes	1	–
(=) RESULTADO ANTES DE IMPOSTOS E PARTICIPAÇÕES	13	15
Imposto de renda e contribuição social	(3)	(3)
Participação nos lucros	–	(1)
LUCRO LÍQUIDO	10	11

Tipo de indicador		20X0	20X1
Estrutura de capital	Relação capital terceiros/ Capital próprio		
	Grau de endividamento		
	Imobilização		
Liquidez	Geral		
	Corrente		
	Seca		
	Imediata		

Capítulo 9

Tipo de indicador		20X0	20X1
Atividade – Custos	Sinistralidade		
	Comercialização		
	Despesas administrativas		
	Índice combinado		
	Índice combinado ampliado		
Rentabilidade	do PL (ROE)		
	das aplicações		
	dos Ativos (ROA)		

REFERÊNCIAS BIBLIOGRÁFICAS

ACCENTURE. *Indústria seguradora do Brasil:* visão executiva da situação atual e perspectivas para 2015. 2009. Disponível em: <http://origin.www.accenture.com/NR/rdonlyres/C2E64CD3-7D89-4557-A6AB-1685A333CFA2/0/7106_IndustriaSeguradoranoBrasil_vfinal.pdf>. Acesso em: 26 jan. 2010.

ALTENBURGER, Otto A.; GOETTSCHE, Max; KUNTNER, Magdalena. *Unbundling of insurance contracts for accounting and tax purposes – one common solution for two problems.* 2008. Disponível em: <http://papers.ssrn.com/sol3/papers.cfm?abstract_id=1142817>. Acesso em: 30 ago. 2017.

ANUÁRIO Estatístico 1997: seguro, previdência privada aberta e capitalização. [S.l.]: Susep, 1997.

BEAVER, William H.; MCNICHOLS, Maureen F.; NELSON, Karen K. *Do firms issuing equity manage their earnings?* Evidence from the Property-Casualty insurance industry. 2000. Disponível em: <http://papers.ssrn.com/sol3/papers.cfm?abstract_id=203408>. Acesso em: 30 ago. 2017.

BERNSTEIN, Peter L. *Desafio aos deuses:* a fascinante história do risco. Trad. Ivo Korylowski. Rio de Janeiro: Elsevier, 1997.

CADERNO de projeções. CNseg. Disponível em: <http://www.fenaseg.org.br/main.asp?View={7F9E67A6-03E7-47A5-8E70-47F866BE928C}&Team=-&params=itemID={A66B1B8A-882C-4F0E-945B-9B7E76C69F75}%3B&UIPartUID={3822DBC5-4F58-44D6-B54F-C0D1C818CFDC}>. Acesso em: 12 nov. 2009.

CALVANO MACHADO, Marcia Regina. *Gestão do risco de subscrição em seguradoras que operam em risco massificado:* estudo de caso. 2006. Dissertação (Mestrado em Ciências Contábeis) – Faculdade de Economia, Administração e Contabilidade da Universidade de São Paulo, 2006.

Referências bibliográficas

CHAN, Betty L.; SILVA, Fabiana L. da; MARTINS, Gilberto de A. *Novas regras de solvência no mercado segurador brasileiro:* uma reflexão acerca do modelo adotado. In: CONGRESSO USP DE CONTROLADORIA E CONTABILIDADE, 8., São Paulo, 2008. *Anais...* São Paulo: Universidade de São Paulo, 2009. Disponível em: <http://www.congressousp.fipecafi.org/artigos82008/296.pdf>. Acesso em: 20 dez. 2009.

CONTADOR, Cláudio R. *Economia do seguro:* fundamentos e aplicações. São Paulo: Atlas, 2007.

_____; FERRAZ, Clarisse B. Penetração do seguro e preços das apólices. *Estudos Funenseg*, Rio de Janeiro: Funenseg, nº 5, v. 1, 2002. Disponível em: <http://docvirt.com/docreader.net/DocReader.aspx?bib=\\Acervo01\drive_S\Trbs\Funenseg-BibDigital\Bib_Digital.docpro&Pasta=Estudos%20FUNENSEG\N%ba%2005&PagLog=&Pesq=&PagFis=>. Acesso em: 26 jan. 2010.

_____; _____. Mercado de seguro e previsão com indicadores antecedentes. *Revista Brasileira de Risco e Seguro*, Rio de Janeiro: Funenseg, nº 2, v. 1, p. 27-47, out. 2005-mar. 2006. Disponível em: <http://www.rbrs.com.br/paper/paper_interna.cfm?id=35>. Acesso em: 26 jan. 2010.

COSTA, Jorge A. *Contabilidade de seguros:* as experiências no Brasil e no Mercosul em comparação com as normas propostas pelo Iasb. Caderno de Seguros. Rio de Janeiro: Escola Nacional de Seguros, Funenseg, 2008.

FARIA, Lauro V. de. Estrutura competitiva do mercado segurador brasileiro. *Revista Brasileira de Risco e Seguro*, Rio de Janeiro: Funenseg, nº 4, v. 2, p. 17-41, out. 2006-mar. 2007. Disponível em: <http://www.rbrs.com.br/paper/paper_interna.cfm?id=53>. Acesso em: 26 jan. 2010.

_____. Aspectos da demanda e oferta de seguros de vida. *Revista Brasileira de Risco e Seguro*, Rio de Janeiro: Funenseg, nº 0, v. 1, p. 45-63, dez. 2004. Disponível em: <http://www.rbrs.com.br/paper/paper_interna.cfm?id=6>. Acesso em: 26 jan. 2010.

FAVATO E SILVA, Verônica. *Performance de indicadores financeiros de seguradoras no Brasil:* uma análise de componentes principais. In: CONGRESSO USP DE CONTROLADORIA E CONTABILIDADE, 9., São Paulo, 2009. *Anais...* São Paulo: Universidade de São Paulo, 2009. Disponível em: <http://www.congressousp.fipecafi.org/artigos92009/18.pdf>. Acesso em: 20 dez. 2009.

FÁVERO, Luiz P. L. et al. *Demanda de resseguros no Brasil.* In: CONGRESSO USP DE CONTROLADORIA E CONTABILIDADE, 8., São Paulo, 2008. *Anais...* São Paulo: Universidade de São Paulo, 2009. Disponível em: <http://www.congressousp.fipecafi.org/artigos82008/331.pdf>. Acesso em: 26 jan. 2010.

FRAGA, Eduardo. Avaliação do risco de subscrição de prêmio utilizando inferência Bayesiana. *Revista Brasileira de Risco e Seguro*, Rio de Janeiro: Funenseg, nº 1, v. 1,

p. 65-84, abr.-jul. 2005. Disponível em: <http://www.rbrs.com.br/paper/paper_interna.cfm?id=28>. Acesso em: 26 jan. 2010.

FREIRE, Numa. *Aspectos do seguro*. São Paulo: Atlas, 1959.

_____. *Organização e contabilidade de seguros*. 2. ed. São Paulo: Atlas, 1969.

GALIZA, Francisco José dos Santos. *Economia e Seguro:* uma introdução. Rio de Janeiro: Funenseg, 1997.

GAVER, Jennifer J.; PATERSON, Jefrey S. *The association between external monitoring and earnings management in the Property-Casualty insurance industry*. 2008. Disponível em: <http://papers.ssrn.com/sol3/papers.cfm?abstract_id=144419>. Acesso em: 23 dez. 2009.

GOLDBERG, Ilan. Resseguro e desenvolvimento: um estudo acerca dos principais fatores ocorridos nos últimos dez anos e as perspectivas para os próximos anos. *Revista Brasileira de Risco e Seguro*, Rio de Janeiro: Funenseg, nº 4, v. 2, p. 93-109, out. 2006-mar. 2007. Disponível em: <http://www.rbrs.com.br/paper/paper_interna.cfm?id=57>. Acesso em: 26 jan. 2010.

GRÜNDL, Helmut et al (Org.). *Implications of IFRS for the European insurance industry – insights from capital market theory*. 2007. Disponível em: <http://papers.ssrn.com/sol3/papers.cfm?abstract_id=906089>. Acesso em: 30 ago. 2017.

KWON, W. Jean. *Cross-accountability in insurance regulation*. Networks Financial Institute, NFI. Policy Brief No. 2008-PB-01, 2008. Disponível em: <http://papers.ssrn.com/sol3/papers.cfm?abstract_id=1097582>. Acesso em: 30 ago. 2017.

LE COCQ, Nelson V. A atuação das companhias de seguros nos mercados financeiros internacionais. *Revista Brasileira de Risco e Seguro*, Rio de Janeiro: Funenseg, nº 0, v. 1, p. 1-20, dez. 2004. Disponível em: <http://www.rbrs.com.br/paper/paper_interna.cfm?id=11>. Acesso em: 26 jan. 2010.

LIMA, Iran S.; LIMA, Gerlando A. S. F. de; PIMENTEL, Renê C. *Curso de Mercado Financeiro:* Tópicos Especiais. São Paulo: Atlas, 2006.

MACEDO, Marcelo A. da Silva; CORRAR, Luiz J. *Análise do desempenho contábil-financeiro de seguradoras no Brasil no ano de 2007:* um estudo apoiado em análise hierárquica (AHP). In: CONGRESSO USP DE CONTROLADORIA E CONTABILIDADE, 9., São Paulo, 2009. *Anais...* São Paulo: Universidade de São Paulo, 2009. Disponível em: <http://www.congressousp.fipecafi.org/artigos92009/47.pdf>. Acesso em: 20 dez. 2009.

MACHADO, Márcia R. C.; LIMA, Gerlando A. S. F. de; LIMA, Iran S. *Evidenciação dos riscos atuariais nas demonstrações financeiras das seguradoras que operam previdência complementar aberta*. In: CONGRESSO USP DE CONTROLADORIA E CONTABILIDADE, 6., São Paulo, 2006. *Anais...* São Paulo: Universidade de

Referências bibliográficas

São Paulo, 2009. Disponível em: <http://www.congressousp.fipecafi.org/artigos62006/115.pdf>. Acesso em: 20 dez. 2009.

MARTINS, Gilberto de Andrade; THEÓPHILO, Carlos Renato. *Metodologia da investigação científica para ciências sociais aplicadas*. 2. ed. São Paulo: Atlas, 2009.

MATOS, Dario O. de. O microsseguro (ou seguro popular) e o Brasil. *Revista Brasileira de Risco e Seguro*, Rio de Janeiro: Funenseg, nº 6, v. 3, p. 32-59, out. 2007-mar. 2008. Disponível em: <http://www.rbrs.com.br/paper/paper_interna.cfm?id=65>. Acesso em: 26 jan. 2010.

MELLO, Léo M. de. Um novo modelo de supervisão no mercado segurador brasileiro. *Revista Brasileira de Risco e Seguro*, Rio de Janeiro: Funenseg, nº 1, v. 1, p. 1-15, abr.-jul. 2004. Disponível em: <http://www.rbrs.com.br/paper/paper_interna.cfm?id=31>. Acesso em: 26 jan. 2010.

NAKAO, Sílvio H. et al (Org.). *Análise do índice de liquidez corrente diante da adoção de diferentes normas contábeis*. In: CONGRESSO USP DE CONTROLADORIA E CONTABILIDADE, 4., São Paulo, 2004. *Anais...* São Paulo: Universidade de São Paulo, 2009. Disponível em: <http://www.congressousp.fipecafi.org/artigos42004/323.pdf>. Acesso em: 20 dez. 2009.

PÓVOAS, Manuel S. *Seguro e previdência:* na rota das instituições do bem-estar. [S.l.]: Green Forest, 2000.

RIBEIRO, Amadeu C. *Direito de seguros:* resseguro, seguro direto e distribuição de serviços. São Paulo: Atlas, 2006.

RODRIGUES, Adriano. *Gerenciamentos da informação contábil e regulação:* evidências no mercado brasileiro de seguros. 2008. Tese (Doutorado em Ciências Contábeis) – Faculdade de Economia, Administração e Contabilidade da Universidade de São Paulo.

SILVA, Fabrícia de F. da. *Análise do desempenho econômico-financeiro de seguradoras*. 2008. Dissertação (Mestrado em Administração) – Centro de Pós-Graduação e Pesquisas em Administração da Universidade Federal de Minas Gerais, 2008.

SOARES, Rute Cristina Meurer; CASTRO NETO, José Luis de. *Estudo das diferenças culturais como empecilho à harmonização contábil:* casos no Brasil, EUA e Japão. In: CONGRESSO USP DE CONTROLADORIA E CONTABILIDADE, 5., São Paulo, 2005. *Anais...* São Paulo: Universidade de São Paulo, 2009. Disponível em: <http://www.congressousp.fipecafi.org/artigos52005/203.pdf>. Acesso em: 20 dez. 2009.

SOUZA, Antônio Artur de et al. (Org.). *Contabilidade de seguradoras:* estudo comparativo entre as normas brasileiras e as normas internacionais. In: CONGRESSO BRASILEIRO DE CONTABILIDADE, 18., Gramado, 2008. *Anais...* Disponível em: <http://www.ccontabeis.com.br/18cbc/470.pdf>. Acesso em: 30 ago. 2017.

Referências bibliográficas

SOUZA, Silney de. *Seguros:* contabilidade, atuária e auditoria. São Paulo: Saraiva, 2002.

SUN, Gang. *Insure the uninsurable by yourself:* accounting for consumption insurance in a life-cycle model. 2008. Disponível em: <http://papers.ssrn.com/sol3/papers.cfm?abstract_id=1263023>. Acesso em: 30 ago. 2017.

SUPERINTENDÊNCIA DE SEGUROS PRIVADOS – SUSEP. História do seguro. Disponível em: <http://www.susep.gov.br/menususep/historiadoseguro.asp>. Acesso em: 31 dez. 2009.

TRENERRY, Charles F. *The origin and early history of insurance:* including the contract of bottomry. Clark, New Jersey: The Lawbook Exchange, Ltd., 2009.

Pré-impressão, impressão e acabamento

grafica@editorasantuario.com.br
www.editorasantuario.com.br

Aparecida-SP